日本の祭

柳田国男

角川文庫
17792

目次

自序

昭和十六年の秋、東京の大学に全学会[1]というものが設けられ、その教養部においていろいろの講義を聴《き》くこととなった際に、自分は頼まれてこの「日本の祭」という話をした。聴衆は理工農医の襟章をつけた人が多く、文学部の学生はむしろ少なかった。自分もまたそれを予期して、この話し方に力を入れてみたのである。現代の日本には小学校以来、一度もこういう講義を聴かないのはもちろん、問題としてこれを考えてみる機会をもたなかった人が、どうやら非常に多そうに思われる。しかも遠からぬ未来において、これが国民総がかりの研究事項となるであろうことも想像し得られる。今において健全なる常識を長養することは、欠くべからざる準備であり、それにはまた推理の能力に富み、かつほとんど白紙のごとき感受性を備えたこれらの若い人たちは、この上もない好《よ》い聴き手だと私は思ったのである。

日本の祭は、今までとても決して省みられなかったのではない。これを専管する官府神職の事業以外にも、民間の記録は日を追うて詳細を加えている。肥後《ひご》氏[2]の『宮座《みやざ》の研究』

と前後して、山城には[3]井上頼寿《いのうえよりとし》君の『京都古習志』が、最も周到なる村々の調査を録《ろく》し、大和では[4]辻村好孝君の実地見聞が、雑誌『磯城《しき》』に連載せられ、これまた近く一巻の書となって世に見えんとしている。その他播但《ばんたん》各地における[5]西谷勝也君の採集、越前《えちぜん》における[6]斎藤優君の若干の報告のごとき、だいたいに前代文化の中心地から発足して、漸次に遠方に及ばんとしているのは、まことに悦《よろこ》ばしい形勢ということができる。諸国著名の祭の飛び飛びの記事に至っては、もし研究の志を抱く者が捜《さが》し集めようとするならば、この以外にも材料は豊富である。たとえば近年の雑誌としては『民俗芸術』『旅と伝説』の中にもいくつとなく確かな報告があり、さらに[7]松平斉光氏の『おまつり』のごとき、奇特千万なる専門誌さえこのごろは出ている。郡誌町村誌の数多い編輯《へんしゅう》ものを漁《あさ》ってみても、一つ以上の祭の記事を、載せておらぬものはむしろまれなのである。もとより全国大小の御社の数に比べると、これはまだ片端の事実にすぎぬけれども、とにかくに分量はもうたいしたもので、一応は人に飽満の感を与えずにはおらぬのである。しかしながらこれらの材料を整理分類して、日本の祭の現状を明らかにするのは、それは専門家の仕事である。この活発なる未来各方面の分担者に対して、一とおり国の固有信仰のあり形を知らしめるのは、別に十分なる要約がなければならぬ。そうしてまた一度聴いたら、覚えられ考えられるものであり、かつ覚え考えてもらう必要のあるものばかりでなくてはならぬ。いたずらに資料だけが非常に豊富だと受け合うことは、かえってこの人たちの知識欲を、はばむことにならぬとも限らない。だからこれでも長過ぎはしなかったかと私は危ぶんでいる。またはたしてその要約の条件に、合致しているかどうかを気づかってもいる。

専門家がおのれの所得を人に頒《わか》とうとする際に、むやみに自分の知っていることを並べ立てて、相手の用途をよく考えようとしない弊風《へいふう》はまれならずある。一つにはこのくらいなことはわかりそうなものという、我が身に引き比べての推測の誤りもあり、また一つには少しでも多く、学ばせておきたいという親切もあったろうが、主たる動機は相手を安心させて、楽々と自説を信用せしめようという、学者らしい欲望にあったようにも思われる。私は今に至るまで、単なる民間好学の徒の一人にすぎなかったために、別に世に伝えなければならぬ主張もなく、かつ自分でも常に迷うている。最も確かなるたくさんの事実の中から、かく帰納するより他はないように、今は思っているのだがどんなものであろうかというふうに、若い人たちに説くのには適しているのである。だからこの本の中にもこれは一つの見方だ。うっかり丸呑みに信じてはいけないということを、少しはおかしいくらいにくり返しているのである。期するところはただこれが国民の痛切なる問題であることに心づかしめ、進んでその解決の道を見いだそうとすれば、手段はほぼ備わり、学問はまた時代の要望に促されて、この上にもなお発達し得るものであることを、承認せしめようとするにある。その目的ははたして達し得たかどうか。志は切であっても遺憾ながら能力がこれに伴わない。ことに終わりの二章は、故障があって講演を中止し、手控えを浄写したまでであるために、いくぶんか説明に物足らぬ点のあることを感ずる。

昭和十七年十一月

柳田国男

学生生活と祭

一

　私などの学生生活は、諸君の時代に先だつこと四十余年、今ごろもうなんの話をしてみても、共通点などはないかのごとく、始めから見切りをつけている人も多いことであろう。実際また外形だけからいうならば、時世は変わっていることも確かに変わっている。ただその変化はどの点までか、ということが問題になるのである。内側から見れば、明治時代はおろか、江戸期の三百年をさえ通り越して、遠くは平安朝の大学生と比べても、さしてたいしたちがいのない点もありうる。少なくとも古今の学生生活を共通ならしめるような、社会事情がなかったとは断言できない。この昔から現在へと変遷したものを、明らかにすることももちろん歴史であるが、それと同時にその千年以来を一貫した何物かのあることを知らず、時さえ過ぎればなんでもかでも、必ず変わっているにちがいないと速断してしまわぬように、注意させてくれるのもまた歴史の学問である。

　この最少限度の歴史知識、たとえ知識というほどのまとまったものでなくとも、少なくとも一つの観念、もしくは当世の史学に対する一つの態度、私たちがかりに名づけて史心というものだけは、いかなる専門に進む者にも備わっていなければならぬことは、ちょうど今日問題になっている数学や生物学も同じことだと思う。私などが普通教育において授けられた数学は乏しくまた不完全なものであった。そのために一生の間、精確ということの真の意味がわからず、いつも目分量とかほどあいとかいう類の、母親ゆずりの機敏さをもって、その欠陥を補おうとして不必要に精力を費やしているのである。それと似たような歎きを、歴史の方面においても抱いている人はないかどうか。始めから考え方を教えられぬために、考えようとしないという虞《おそ》れはないかどうか。それをひとたび反省してみるということも、実は望ましい人生修練の機会なのである。諸君ははたしてどういう予想をもって、今度の講義を聴きに出られたろうか、私にはそれを推測することはできないが、自分の方には実は一つの動機があったのである。最初にそれを告白しておく方が便利と思うが、手短にいうと我々お互いには、「それはまだ気づかずにいた」と言わねばならぬことがいくつもある。新たに気をつけていれば今からでも、それがだんだんとわかってきそうだ。歴史を人生に役立たせようと思えば、学ぶべき方法は眼の前にもある。そういう己《おのれ》を空《むな》しゅうする者の悦びを、もしできるなら諸君にも分かちたいのである。

二

過去を解説しまた批判する風は、今日はすでに盛んであるが、それは必ずしも常に知り尽くした人の言葉ではない。しかも批判せられる相手方は、何を言われても黙っている古人である。抗議も弁疏《べんそ》もできない過去の人の行為に対して、そんないいかげんな判断を下すことは、単に不当であるのみならず、同時に自身のためにも大きな損である。国を今日の状況にまで持って来た力というものは、好きにつけ悪しきにつけ、基づくところはことごとく過去にあり人にある。特にそのために大きく働いた中心人物があってもなくても、とにかく背後に一団としての国民の生き方と考え方とが、関与していなかった場合は想像することができない。それがどう動いてこの結果に到達したか、その筋路がしだいに明らかになって、それを参考としてはじめて我々の、今後の計画は立つのである。それを究めなければ、よしや目標は高く掲げても、どうしてそれへ歩み近づいて行くかの、具体的な進路は定まるものでない。今まではそれをただいわゆる腰だめで狙っていたのである。

歴史は本来は政治家の学問であった。それを今日国民総数の普通教育の、欠くべからざる一科目とお定めなされた御趣旨は、我々には拝察することができる。一言でいうならば、これによって我々は今までよりももっと賢くならなければならぬのである。眼前の世相の原因は、もちろん複雑を極めたものであろうが、とにかくにこうなってくるには、そういくつもの理由があろうわけはない。つまりは数あまたの動力の、たった一種の組み合わせしかなかったはずである。それが現在我々にわかっているだけでは、まだ合点のいくような説明がつかぬとすれば、もしくはいろいろの相背反する解説が成り立ち得るとすれば、必ずどの部分かにまだ我々の気づかずにいるもの、見過ごしている点が残っているのである。それを行く行く一つも洩《も》れなく、突き留める途《みち》はないものかどうか。というより前に、まずお互いの前代探求の方法に何が欠けているか。どれだけの歴史知識が我々の生活に必要なものであって、しかも今はまだ学ぶことができずにいるのであるか。こういうことを率直に考えてかかるのがよいようである。私は少なくともそういう反省をしている。今もっていっこうに得るところはないけれども、少なくとも前途に希望を抱いて、心楽しく学問を続けている。もし聴いてくれる人があるならば、そういう話をしてみたいと思って、この講義には出て来たのである。「日本の祭」というのは好い話題であり、重要なまた興味深い社会事実ではあるが、それも実は一つの例示にすぎぬ。本当の目的は諸君と共に、ここにお互いの間の共通の問題たる、日本の伝統というものを考えてみたいために、それを具体化すべくこのお祭の話をするのである。

三

以前から日本人は、歴史は決して嫌いではなかった。ことに西暦十九世紀以来の世界の風潮に乗って、いかなる問題にもまず歴史沿革を問う癖を生じ、それが学生の間にもかなり行き渡っている。しかるにちょっと意外なことには、その学生生活そのものの歴史だけは、まだ誰一人尋ねてみようとした人もなかった。たぶんは毎日のことだから、わかり切っていると思っているのであろう。四十何年前の私などの学生時代と比べて、今がすっかり変わってしまっているのならそれも大事件、もしまた何物かのどうしても改まり得ないものがあったとすると、それもまた諸君らの関心を持たずにはいられぬところであろう。というわけはこのいわゆる生活環境すなわち我々が取り巻かれている文化複合体の配合様式は、この明治から昭和への半世紀間において変わってまた変わっているのである。そのまん中において学生だけが、独自の特色のあるものを保ち得たとすれば、それにも明らかにせられねばならぬ理由があるはずだからである。

近ごろでもぽつぽつ耳にする大学生気質というもの、それが国によってかなり相異なる特徴があると言われるのは、私にはそれぞれの国家における社会的条件の差のように感じられる。すなわち国ごとにどうしても大学生を出さずにはいられぬ家というものがあって、以前はそれにやや著しい地方性または偏倚性《へんいせい》があり、それが学問のしかたや青年の生活ぶりを、左右することになっているのかと思われる。もちろんこれはただ偏倚というのみで、国全体の事情は均一というわけでもなかったろうが、いったん一つの気風傾向が作り上げられると簡単なことでは消えてしまわない。これが今日の日本などで見るように、何人でも能力次第、自由に大規模な学問をすることができる時世になって後まで、なお久しい間前世紀のいわゆる書生風が、残り伝わっていく理由のように思われる。もっとも我々がこういう点に気がついたというだけでも、もう一つの転回の機会でもあろうし、おそらくは今のこの世界大動乱の世代を一つの区切りとして、大学生活にも大きな変革が起こり、後にはいちだんと過去の回顧を、困難にする時が来るのであろう。あるいはそれがもう来ているので、今はちょうどそのきわどい過渡期だとも言えるのかもしれない。とにかくひとたび国民の間にある特徴のようなものが生まれたら、もしくはそれがやや久しく続いているようなら、永久にそれで押し通されようなどとは私は思っていない。むしろ一つの変遷の近き将来に予想せられるものがあるがゆえに、やや急いで現在の実状を明らかにしておかなければならぬと思うのである。

四

近年しばしば大学は職業教育であっては困るというような批評を耳にしたようだが、日本などは古いころから、学問は全く一つの職業教育であった。大江とか菅原とかいう定まった家が夙《はや》くあって、その家に生まれた者だけは、よくよく不適当な素質でない限り、学生にならねばならぬと共に、もとは外部の需要も少ないので、その家以外からは入り込む隙間《すきま》もなく、吉備真備[8]《きびのまきび》や源順[9]《みなもとのしたごう》などは、稀有の例外であったようである。この状態はかなり久しく続いた。日本で学問が振るわなかったという時代は、つまりこの家々に優《すぐ》れた人の出なかったことを意味する。あるいは経済力の大小ということが考えられるかも知らぬが、叡山《えいざん》や興福寺《こうふくじ》の法師には、いくらでも外から新参者が入り得た時代にも、この学問の方面だけには、いっこう出色の異分子という者ができなかった。徳川家康の文事奨励ということは、今から振り返ってみると大きな功績で、その間接の効果としては、いかなる地方の隅々までも、学者を尊重しかつ需要するの風を普及させ、したがって新たにこの列に加わる家を数多くしたことは事実であるが、しかもなお最初のうちは、これが純然たる長袖階級であって、頭は円《まる》く剃《そ》り、着物はなんだか拾得《じっとく》のようなものを着せられて、普通の国民とは違った地位に置かれていた。それははなはだ不当であるといって、たしか木下《きのした》順菴《じゅんあん》のころから、儒者もかみしもを着し髷《まげ》を結ぶようになったが、なおしばらくの間は古風を守った家も多く、少なくとも民間俗衆の感覚では、医者・易者・験者・芸者などと共に学者も「者」の字のつく者として、別扱いをするしきたりが抜けなかった。すなわちいったんこの道に入った以上、年取ってから再び尋常の民衆生活に、参加するような場合は予期しなかったのである。そうしてこの特殊なる修業のしかたは、まだ今日まである程度は引き継がれている。講釈師などがよく言う文武両道という語は世に行なわれ、武士や農夫が修養のために学問の道に入り、天賦の才能があってはからず深入りする者が、相応に数多くなって後までも、なおそういう人たちと本職の儒者学者との間には、かなりはっきりとした堺目があった。というわけは前者は別に各自の家々のために、活《い》きていかねばならぬ今までの生業があったのに反して、他の一方はこれがたった一つの存在の基礎だったからである。この方を本職と呼び、他の一方の学問を道楽と呼ぶ言葉は、今でもほぼ通例に行なわれている。そうしてこの差別観は相応にまた基礎のあるものだった。

五

この差別が古くさかのぼるほど、何人の目にも著しかったのである。第一には修業の方法、ことに意気込みがまるで違っていた。さむらいならば、撃剣や馬や弓鉄砲などと共に、ことによると茶道香花音曲とも取り交えて、若いころに一とおり、すなわち並みの人の学ぶ程度まで、先生のところへ通って教えを受け、ただ特に熱心な人が、年を取ってからもひまひまにこれを継続するだけで、特にそのために遊学することなどは元はなかった。したがって東北地方のように、土地に立派な先生がなければ、へぼい先生にも就《つ》くゆえに、一般に学問が振るわぬという結果にもなったのである。

農民の家では武芸の必要がないから、学問だけのために若い日を費やす余裕はあった。資力のある者はおいおいに、息子を外へ修業に出すことにもなったが、それもいわゆる人中を見せるという趣旨が加味していて、家を嗣《つ》ぐべき青年ならばせいぜい一年か二年、その以外は心がけのよい者が自修をするばかりで、自修によって相応に進んだところまで行った人もあるが、働き盛りには家業をおろそかにするといかぬと言って、たいていは一時全く中止し、いくぶんかからだが楽になって後にもう一度また始める。地方の物知りという人にはこれが多かった。中にはその自修の時間を得るために隠居を急ぎ、または弟に家を譲って自分は出てしまったというのもおりおり聞くが、それは珍しい例外と言ってよかった。多くの家の主人は、子供のころは寺小屋通いで手習いが主であり、若干の読書もそこで授けられたが、「学者」になってしまうことを恐れて、なるべく早く下げるのを普通としていた。百姓には学問は用はないとか、商人があまり物知りになるのも考えものなどという意見は、頑固親爺またはわからず屋の標本として、かなりこっぴどく若い人からは排斥せられたが、この旧弊には実は歴史のあることであった。家を大事にするために個人の幸福を犠牲にしたもののごとく考えられたのは、必ずしも当たってはいない。当人自身のためから見ても、こんなことで職業を変えてしまうことは、決して安全な判断ではなかったのである。今とてもあるいは一つの冒険と言われるかもしれぬ。なまじ本式の大学教育を受けたがために、家の代々の土地とは絶縁してしまい、どこに落ち着きを求めるともなく、浮き世の波の底に埋もれてしまう人が、近世はかなり目につくようになっているのである。土地に根をさすことを安全と考えた人々に、そういう未知の世界が危険視せられたのも無理はない。ところがその冒険をあえてしなければならぬ必要が、だんだんと増加してきたのである。つまり世の中は変わらずにはすまなかったのである。

六

人口の繁殖に伴う家々の剰《あま》った労力、いわゆる次男三男の始末、これが我邦《わがくに》の社会史においても非常に大きな時代変化を受けている。まず第一に古今を比較してみると、家の分立ということは昔は少なかった。周囲に土地の開発し得る余裕があるうちは、親は子の愛のために余分にも働いて、次の児らにも新たなる独立生活の機会を与えようとする。末子相続制の残存などといっているのは多くはこれで、日本には各地の漁村にもその例があるが、信州諏訪《すわ》などのも次々の新墾地を、長男次男にと与えゆくゆえに、結局末の児が自然に元の屋敷に残ることになっただけである。だから一方にはそれと反対の順序に、新しく開いた土地へ次男以下を連れて出て行くものもある。つまりは双方とも分割相続の一方法なのである。この未開原野がもう乏しくまたは瘠薄《せきはく》になって後まで、なお昔からの因習のままに、親がこの方式を守ってひどい辛苦をしている例も、肥前《ひぜん》の下五島《しもごとう》[11]などにはある。しかしとうていそういう余地がないときまれば、兄弟集まって一所に暮らすより方法がない。いわゆる大家族は、外に向かっては一つの力ではあったが、その属員のためには必ずしも楽天地だったとは言えない。これにもいくとおりかの待遇法はあったようだが、結局ほどなく貧民になってしまうこと請け合いの、小さな従属的分家を本家のまわりに、たくさんこしらえることが落ちであった。親はそういう悲しい実例をいくつも見ているので、どうかして我が子にはそれを免れさせたいと苦心をした。その努力の痕《あと》がいろいろと残っているのである。

いわゆる対等分家というものがその一つであった。日本の分家には新旧の二種があって、近世にできたものは大半は本家を凌《しの》ぎ、したがって多くは両方の仲が良くない。遠く離れた新開地に、そういう分家を出すということは昔もあったが、同じ部落のうちに軒を並べて、どちらが本家かと思うような新宅を立てることは、元はなかったのである。その次には婿養子の流行、これも四隣の他民族にはないことで、もうおそらくは永くは続けられまい。西鶴《さいかく》や八文字屋本によく見える敷銀聟《しきがねむこ》、または株買い養子などというのは、もらう方にも新たな必要はあったので、いわば女子相続法の一つの新設であったが、起こりは次男以下を小前の農民にしたくない親心から出ている。その次に現れたのが店舗職業の増加、酒屋・質屋・肥料商・穀屋などの早く村に起こり、一方にはまた都会が驚くべく成長したのも、いずれも皆日本が島国であったがためで、もしも大陸のように伸びていくべき空閑の土地が地続きにあったら、農民の子は悦んでまずその方へ進出したことであろう。

それよりも比較的自然に近い問題の解決法、すなわち資金がなくとも始められる分家は、それぞれの子供の気質に応じて、農以外の新たなる職を学ばしめることで、その中では学者修業がいちばんに新しくまた高尚な一つの案であった。ただしこれには適しない者がもちろん非常に多い。たいていの場合に考えられるのは親方取り、すなわちいわゆる年季奉公である。職人という階級の需要はしだいに多く、次には商家の奉公も出世の道であった。最も平凡なのは百姓奉公で、これは労多くして成功の機会が少なく、辛抱しおうせてもまだ水呑百姓になるだけであった。武家奉公も以前は出やすかったが、後には条件がつき、何か一芸をもって抱えられるようになった。そうして学者になるということは、もとはその禄仕の手段の一つだったのである。この点が医者や坊主と、学者とは違っている。前の二つは公衆を相手にし得るが、学者はよほど大きな町ででもないと、開業をしても生計は立てにくかったのである。

七

しかも学者は人の師とも仰がるべき立派な地位であったがゆえに、その修業の苦しさも他の諸職とは比べものにならなかった。以前の学者は暗記の部分が多く、また読まなければならぬものが東洋ではむやみに多くて、非常にたくさんの時を要したのである。これに適するだけの天分の入用なことは言うまでもない。その上になおたいへんな努力勉強、これに堪えるだけの根気と体質とを要し、したがってできそこないがいくらもあった。資力のある者にはかえってこの難関は押し切れなかったろう。少なくともたくさんの学資はもとは使っていない。食い扶持《ぶち》持参と学僕との差はあったが、とにかくに書生の金持ちというものはいたって珍しかった。気ぐらいだけはむやみに高くて、懐《ふところ》の淋しいのが以前の書生の特徴であった。今ではもう絶対に見られなくなったが、私などの大学時代までは、夜は人力車を曳《ひ》いているという若者も確かにいた。牛乳新聞の配達はまれでなく、また人の家に寄食してわずかに通学の時間だけを与えられている者などはいくらでもあった。こういう青年が忍耐して学校さえ卒業してしまえば、すぐに好い地位をもって迎えられるという時代が、明治年間にはかなり永く続いていたのである。すなわち維新以前の古い社会組織に比べると、人はいちだんと古い職業を棄《す》てることが容易だったのである。貧家の次男以下が、いわゆる風雲に際会するために苦学しただけでなく、また士族という失業階級がこれを唯一の進路と考えただけでなく、父祖の生業を持ち伝えた家の跡取りまでが、結果は転業となり土地との分離となることを知りつつも、なおこの前代の分家方式の一つを、自分にも採用したのである。新たに始まった小作農制が、地主を特別に農と縁の薄い閑《ひま》なものにしたこと、および職業自由の思想なども、この傾向を助けるのに力があったかと思う。とにかくに彼らの多くは、父兄と共に活《い》きた今までの生活には何の愛着もなく、またこれを理解しようとも力《つと》めなかった。ただ詩人風に田園の平和風物を咏嘆《えいたん》することはあっても、その実際の生活に対しては、かなり冷酷なる批判を貯えていた。国が新しくなるということは、あるいはこういう意外な変化を覚悟すべきことを意味するのかもしれぬが、何にもせよここには免れ難い一つの伝統の切れ目があったのである。そうしてこれは必ずしも明治の新時代に入って、突如として始まった現象でなく、その萌《きざ》しはすでに百年二百年も前から、少しずつ動いていたのである。

八

自分が「日本の祭」を説く前置きとして述べたいと思うことは、昔の学生は学業が完成して後、常の人とは違った生活に入って行くべき人であった。その点では医者や僧侶などとよく似ていた。また江戸時代に多くできた町の商人、諸種の職人などとも似ていて、もう生まれた家々の伝統などは、忘れてもよい人々であった。近世の官吏技師教員などもこの類で、つまり手短に言うならば、生まれた家にはもう還って行けない人々、もしくは旧家の相続人には許されない職業であった。若いある期間の見習い奉公などとは、よほど違った転身であった。しかもその数のまだ少なかった間は、同化ということも考えられた。たとえば村にただ一人か二人の長袖が住んでいても、そのために村の統一はこわれない。郷に入っては郷に従えという諺《ことわざ》などもあって、村ではこの新分子が一つの対立の勢力にはならなかったのである。都会はこれに比べると早く雑駁《ざっぱく》になりやすかったが、それでも[12]伊《い》藤仁斎《とうじんさい》などは、袴《はかま》をはいて町内の井戸替えに出て来て、近所の人たちを恐縮させたという話なども残っている。割長屋に浪人者が一戸まじっていても、小さくなってなにぶんよろしくといっていたからすんだ。現代のごときはこれに反して、すでに異分子とも言えないほど、たくさんの新職業者が群をなしまたは組織を作って、まず都会を無限に尨大《ぼうだい》にし、次には一つの上層勢力となって、地方の古くからあった活き方考え方の上に、のしかかっているのである。このごとき以前とは全く逆な状勢の下にあって、はたして一国古来の伝統なるものが、持続し保存し得られるかどうかということは、その伝統保存の是非を討究する前に、ぜひとも一応は考えておくべき問題である。なんとなれば、かりに一国の伝統は守って失うべからざるものであるという結論が出たとしても、事実保存し得る見込みがないのだとすれば、それは結局むだな国策に帰するからである。今日我々の耳にする多くの伝統論などは、はたして何が確かなる伝統であるかということも示していないのみか、それがかくして伝わったのだという筋路などは説こうとしない。かつては安全にそれの持続し得る組織が備わっていたのが、後には少しずつゆるみ崩《くず》れ、心もとなくなろうとしているのではないかどうかということも考えてみない。ただありそうなものだ、あってしかるべきだと思っているだけである。そんな気休めの原理だけでは、とうてい我々は活きていけない。もっと具体的に考えてみる方法があってよいと思う。

九

諸君は小学校を出た十三、四の年から、いよいよ世の中に打って出る二十四、五歳の時まで、中には家庭から通っている人があっても、明けても暮れても学校の生活しかしていない。全く通俗社会とは利害を絶縁した、同輩の中でばかり生きているのである。そうして一方に争うべからざる一事は、親から子へ、祖父母から孫へ、郷党の長者から若い者へ、古来日本に持ち伝えた物心両面の生活様式を、受け継ぎ覚え込むのも、実はこの十年あまりの青年時代だったのである。新たにたくさんの貴重なる知識、古人の夢想すらしなかった深秘の法則を、体得するのもこの期間だが、それにはある代償、ある種無形の授業料があったということを思わねばならぬ。我々のしばしば口にする日本人らしさ、それがひしひしと身につき肉になり、自分と共に成長する機会、そういったようなものを諸君はその支払いに供しているのである。もちろんそんなことぐらいと言えるかもしれぬ。今から覚えさえすればなんでもない。かえって順序もなく雑然と経験し追随している人々よりも、学問した上でならもっと要領よく呑み込むことができると言えるかもしれない。しかしともかくもまず心づくことが肝要である。このあらゆる労苦に満ちた十幾年の勉学を積み重ねて、なおこんな手近なところにこれほど大きな「無学」が、横たわっておろうとは気づかぬのも無理はないが、事実これから私の説こうとする若干の知識は、諸君のおそらくは一度も考えてみなかったことであり、しかも以前の世においては、瘋癲白痴《ふうてんはくち》の者を除くのほか、一人として知らず感ぜずには通り過ぎ得なかった人生の事実なのである。今ごろ大学の講堂において、事々しく説き立てるのすら、おかしいと思われることばかりなのである。それを夢にも知らずに、諸君は世の中へ出て行こうとしている。国民の歴史の中には、文字には録せられず、ただ多数人の気持ちや挙動の中に、しかもほとんど無意識に含まれているものがたくさんあるということは、私たちの携わっている日本民俗学が世に現れるまでは、教えようにも学ぼうにも、その機会というものがまるでなかったのである。真実というものは今ごろになって新たに生まれてこようはずがない。単にそういうものを囲いの外に置くのが今までの学問であったので、学校へ出て来て学問をしていれば、今まではどうしてもこういう知識から、遠ざからずにはいられなかったのである。

一〇

それにはまだ厄介《やっかい》なことが二つある。その一つは民衆は自分たちの年久しい平凡に倦《う》みかけている。ことに明治以来は読書人が片端から成功した。それを傍から見ているから過度に新学を尊信している。ほんの切れ切れの何の訓育的意義のない知識でも、学者に分配してもらうと経陀羅尼《きょうだらに》のごとく暗記して、一方に自分らの昔からしていることを粗末にし、またなんでもないこととして卑下しているのである。第二には学者の批判力、これが透徹していて少しく同情が足りない。同情ということは諸種の情実、今はまだ明らかになっていない小原因の多くが、埋もれているべきを認めることだろうと思うが、その点が現在は特に欠けている。人間のすることには、たとえ気狂《きちがい》でも動機はあるべきだが、それをすら近代は忘れており、ただ蒙昧《もうまい》とか野蛮とかいう一語で片づけてしまって、自分の理解力を反省せぬ人が多くなった。閑《ひま》があったら例で話をしてみたいと思っているが、近頃でもその傾向は一部にはかなり強い。古い記録は主として京都人の、しかも上流の世事にうとい人々の筆になるのだが、まだ彼らは凡俗の中に生きていた。五山の僧などはあのころのハイカラなのだが、それでもまだ民間の信仰現象などには、若干の理解をもっていた。江戸期の漢学者ときては、ごくわずかの例外を除いて、まるで同胞の生活に対して別民族を見るような観察をしている。もとより隣人のことだから観察だけはしているが、それを説明しようと努力した者は少ない。しからずんば支那の知識を借りてきて、それで一とおりの説明をしたつもりでいる。不当極まる話だとは思うが、要するにもう説明ができなくなっているのである。以前の平穏な世の中ならば、まだそれでも笑っていられたろう。もしも今日のごとき時勢において、学者にも正しく説明し得ない世相が、後から後からと現れるようであったら、それこそ国は救い難き紛乱に陥るのである。警戒しなければならぬ危機だと思う。

私が諸君に反省の手始めとして、まずこうして大学の学問にいそしんでいる間に、結局学ばずに終わり感動せずにしまうべきことが、どのくらいあるだろうかを心づかしめたいと思う動機も、実はすこぶる切迫したものがあるのである。いずれ閑な休暇の日にゆっくり承りましょうというような、気楽な話ではないと自分だけは信じている。ただその中から諸君の多数の関心を惹《ひ》き得るもの、そうしてまた自分のほぼ安心して話し得る題目を見つけ出すとすると、それがいくつもないのは残念なことである。しかしかりに「日本の祭」というような一つの例示が効を奏すれば、あとはまた同じ方向にもっと進んでみようという人が、少しは史学科の人の中からでも出て来るだろう。要するに我々の学問にもっと信用を付けること、諸君の側から言えば、もっと現代の学問の前途に大きな期待をかけること、自分がみずから手を下されぬ専門外の問題は、努めてその道の人から多く教えられようとすること、したがってこの分科の繁瑣《はんさ》に過ぎた大学に全学会が設けられて、その各科相互の収穫がおおいおいと利用せられ綜合せられること、それが白状をすればこの講義をする私の心の中の望みである。

二

三十何年間の公人生活において、常識という言葉ほど私を悩ませたものはない。常識とはなんぞや、と反問してみたいのは山々だが、そんなことをきくとまた常識がないと言われる。これが目に視《み》、耳に聴く具体的の世界だけなら、百科辞典の新版か何かを引いてもよいが、無形の生活においては実はつかまえどころがない。そうして目まぐるしいほど我々の常識は、だんだんに変わっていくのである。その原因はほぼわかっている。つまりは人が一人前になるまでの重要なる十何年間において、まちまちのまた思い思いの修養をしているからである。そうしてそれがどのくらい統一を欠いているかを、知ろうとも努めなかったからである。もしもこれが常識などという漠然たる漢語を使わず、社会律とか公道法則とかいうような、少しでも押えどころのある字を用いていたら、よもやこのような大ざっぱな姿のままでは棄て置かれなかったろう。現在の常識が正当か否か、どう改革すべきかはまた別の人の課題として、とにかくに我々はその現在の実相、これを今日の多様式にまで導いてきた、おそらくはごく短い期間の変遷経過だけを、明らかにしておくことにかかりたいのである。

諸君の郷里において、または父祖の出身地において、必ず一定の青年期において学習せしめようとし、青年もまた喜んで修得しかつ立派に卒業していた社会律、すなわちそれに背《そむ》くとすぐにやかましく批判せられまた忠言せられたもの、それを列挙するとなかなか数が多い。その中でも特に顕著なものが三つは確かにある。第一には婚姻に関する法則、これは国民学校の生徒には[13]不関焉《かんせずえん》だが、それから以上になると全国民が皆専門家であって、彼らは相集まって徹底的に調査討究している。慣習などというと自然の成り行き、または癖のごときものと同一視せられやすいが、なかなかそんないいかげんのものでなく、こうなくてはならぬというきまりが、もとは時代ごとにあったのである。それがいくつかの新しい衝動によって、改まるというよりはむしろゆるんで、今ある若干の乱雑と弊害とを招いているのだが、土地によって多少の差はあるにもせよ、現在もなおこれが正しい、こうなくてはならぬというものを、社会はできる限り未婚者に教えようとしている。これをやや詳しく説くとおもしろいのだが、いろいろの点に考慮を払って私は差し控える。あるいは少しおもしろ過ぎるからとも言えるのである。

その次に来るのは共同労働に関する法則、この共同にはいろいろの形があって、所を異にして生産する者の交易や交換までが、この中に含まれていたかと思う。意識してそうしたかどうかはまだ問題だろうが、我邦《わがくに》では特に国民の青年期において、一つの体制を備えてこの労働の正義を教えていた。そうしてあるいは十分以上と言ってもよいほどの効果があった。今日のいわゆる青年団とその前身の若者組、これが前に挙げた婚姻道徳と共に、すべての同時労働の場合の道徳を、徹底的にたたき込む機関であって、昔の若連中などはいくぶんか頑固な、若い者にも似合わぬ旧弊さをさえもって古い伝統を守り続けていた。村では読書に親しむような人の訓誡《くんかい》よりも、この仲間の相互制裁の方が大きな力であった。たとえば団体の風紀が少しゆるむと、たちまちあさましい不秩序が普通になるほど、群の常識はよく全体を指導していた。またこれより他には別に統制の施設もなかった。役人長老の村を治めようとする者も、いろいろのおもしろい手段をもってこの機関を利用したようである。青年団対学校という問題は、今後も実際政治としてきっとまた論議せられるであろうが、私だけはその討究の結果に対して、ある大きな希望を寄せている。というわけはこの二つのものは、始めからいくつもの共通性をもっているからである。こういう未来の政策上の目途からも、諸君に若者組織の本質とその零落の過程とを、もう少し注意してもらう必要があったのである。

一二

それから第三の重要なる問題は、すなわち今回の題目たる「日本の祭」、これもまた諸君の年齢に該当する若者の団体と、深い関係をもっていた。あるいは今のような神職制度の導き入れられる以前からのいたって古い関係ではなかったかということが、このごろおいおいと心づかれるようになった。少なくとも記録資料からは独立して、別にこの人たちの感覚を透して、尋ねてみなければならぬものが残っているのである。学問をした人の経験から言うと、この年齢はことに批判的もしくは懐疑的な、いちばん信仰教育には不便な時期となっているのに、日本だけは誠に頼もしい例外であって、年を取った人の奥深い神社崇敬も、主としてこの期間において力強く植え込まれていたように思われる。子供ももちろん大きな興味をもって、祭の日が常の日と違うことを観察してはいるが、それも自分たちが大きくなって、ほどなく参加し得る若者の団体が、異常な力をもって精神的に熱中しているのを見るからで、もしも祭がただ年寄りだけの事務であったら、おそらく少年たちにもこれだけの印象を与えることはできなかったろう。

神社は宗教でないという、政府の年来の解釈に対しては、実は自分なども元ははなはだ不服であった。しかし日本の祭を近よって見ていくと、何か普通の宗教の定義以上に、さらに余分のものがあったことを認めないわけにはいかない。けだし天然または霊界に対する、信仰というよりもむしろ観念と名づくべきものを、我々は持っていた。それが遠く前代にさかのぼっていくほどずつ、神と団体との関係は濃くなり、同時にまた祈願よりも信頼の方に、力を入れる者が多くなっている。神が我々の共同体の、最も貴い構成部分であり、したがって個々の地域の支配者と、一体をなしているという考えはよくうかがわれる。神道の教理にも後世の変化がいろいろあって、現在は村々の神社は神代巻以来、何かの記録に出ている神様を祀《まつ》るということになっているが、それはおそらくは卜部氏《うらべし》[14]の活躍以後の現象で、少なくとも国民個々の家だけは、先祖と神様とを一つに視《み》ていたかと思われる。神を拝むということが我々の生活であり、また我々の政治であるという考え方は、たとえ今日はまだ私たちだけの独断だとしても、必ずしもそう軽々に看過《みす》ごしてよいような説ではない。かりに神職家に持ち伝えた記録からは立証することができなくとも、少なくとも我々が自分自分の持っている感覚の中から、行く行くはこれを明らかにし得る望みはあるのである。いわゆる神ながらの道は民俗学の方法によって、だんだんと帰納し得る時代が来るかもしれない。

一三

私らが大学の繁栄と学者の増加とによって、あるいは断絶してしまうかと恐れている日本の伝統は、実はこういうところに潜んでいるらしいのである。幸いなことには婚姻や労働とは違って、神祭だけには諸君も経験があり、また楽しい記憶と取り止めのない好奇心を抱いている人が多いのみか、あるいは一種の「語りたさ」をさえ持っている人があると思う。私はそれを一つの足がかりとして、実はこの講義を続けてみたいのである。これが国として大切な問題であることは、貴《き》賤《せん》老若一様に認めているにもかかわらず、その変遷があまりにも遠い上古に始まり、また地方的の利害が区々であったために、いかほど熱心に旧いことを記憶している人があっても、一つの土地だけの知識では説明にならない。国または民族としての総体の経過を辿るには、やっぱり我々の比較方法によって、あらゆる境涯と階級とにあるものを集めかつ排列してみて、次々新たに加わったものを取り除けて、しまいに固有または原始と言ってよい元の形を見いだすの他はないのである。

民族学という学問は西洋の方でも、最初はキリスト教化以前の信仰状態を、採り出すのをもって主たる目的としていた。教会が設立せられ聖者たちが来て住んだということは、必ずしも全土を[15]ヤソの宗教にしたのではなかった。古い信仰のいろいろの残留が、その中に埋もれていて、それを集めて比較してみれば、元の姿がうかがわれるということは我々と同じであった。ただいかんせんヨーロッパ人の研究は、その目標とするものがあまりに遠い。いちばん遅く改宗した北辺のスカンジナビヤでも、西暦十世紀にはもうキリスト教化していた。それから以後も実はなお異教国だったと言えば、承知をせぬのみか怒る人さえ多いのである。したがってその研究は言わば考古学的で、一つの発掘せられた破片からでも、全体を推定するの他はなかったのである。これに反して我々日本人の疑問は今の世のものであり、その材料もまた眼前に満ち、痕跡《こんせき》でもなければ残存でもない。生きた証人というべき者さえたくさんにいる一方には、この我々の研究はこれから進んでいく実際社会のためにも必要なのである。これがもしおもしろくない結果に導かれるようだったら、我々はかなり仕事がしにくくなるだろう。ところが大きな幸いは、この問題がわかってくるほどずつだんだんと日本人の生活は明朗になるのである。全く偶然のことだが、今までの独断者流の当てずっぽうな説に、後から証拠をもって行ってやることのできることがいくつかある。そうしてまた彼らから邪魔もの扱いにせられそうな結論はあまり出て来ぬのである。だから我々は最も心置きなく、日本神道の原始形態を、全力を尽くして尋ね求めることができる。私の講義はたぶんその片端にしか触れられまいが、少なくとも一つの門だけは開かれたのである。そっとのぞいてみるぐらいの好奇心は諸君の方にもあってよかろうと思う。

祭から祭礼へ

一

これから六回に分けて、日本の祭のお話をしてみようと思う。日本では「祭」というたった一つの行事を透してでないと、国の固有の信仰の古い姿と、それが変遷して今ある状態にまで改まってきている実情とは、うかがい知ることができない。その理由は、諸君ならば定めて容易に認められるであろう。現在宗教といわるるいくつかの信仰組織、たとえば仏教やキリスト教と比べてみてもすぐに心づくが、我々の信仰には経典というものがない。ただ正しい公けの歴史の一部分をもって、経典に準ずべきものだと見る人があるだけである。しかも国の大多数の最も誠実なる信者は、これを読むおりがなく、また文書をもってその信仰を教えられてもいなかった。それゆえにまた説教者という者はなく、少なくとも平日すなわち祭でない日の伝道ということはなかった。そうしてこれから私の説いてみようとするごとく、以前は専門の神職というものは存せず、ましてや彼らの教団組織などはなかった。個々の御社を取り囲んで、それぞれに多数の指導者がいたことは事実であるけれども、その教えはもっぱら行為と感覚とをもって伝達せらるべきもので、常の日・常の席ではこれを口にすることをはばかられていた。すなわち年に何度かの祭に参加した者だけが、次々にその体験を新たにすべきものであった。温帯の国々においては、四季の循環ということが、誠に都合のよい記憶の支柱であった。我々の祭はこれを目標にして、昔から今に至るまでくり返されていたのである。祭に逢《あ》わぬということは非常な損失であり、また時としては宥《ゆる》し難い怠慢とさえ考えられていた。祭は国民信仰の、言わばただ一筋の飛石であった。この筋を歩んでいくより他には、惟神之道、すなわち神ながらの道というものを、究《きわ》めることはできなかったわけである。

この祭という古い日本語の意味、それが何を要点とし、どれだけの範囲に及ぶかということは、今でも普通の人にはほぼわかっている。古来一年でもそのくり返しを中絶したことのない者が、この語の適用を誤るわけがない。定義というような簡明な文句で、これを言い表わせと求められたら困る人は多いかもしれぬが、何がマツリでありまた何がマツリでないかということは、一生に数百千回、この言葉を使う人は皆知っている。呼ぶべからざるものをそう呼べば、少なくとも聴き手が承知しない。ただ現在は都市に住む人たち、またはその実際に参加せずに過ぎているような人々が、おりおりはこの語の解説に口を出すゆえに、いくぶんか混乱して、はっきりとした概念が得られなくなっているのである。

二

たとえばここに一つの問題がある。祭と祭礼と、この二つのものは同じか違うかということを答えなければならぬとする。そそっかしい人はむろん同じだと言うかもしらぬ。祭礼はマツリの気の利《き》いた表現だと、思っている人もたまにはあろう。ところがそのマツリの中には、実はなんとしてもサイレイとはいえないものがいくらもある。家を普請すれば棟上《むねあ》げの祭をする。井戸をさらえるとその後で井戸神様を祀る。こんなのは確かに祭礼ではない。もっと進んで言うと、家に気になることがあって占いに見てもらったとき、または何かの夢知らせがあって、先祖のマツリが足らぬと言われることがある。すなわち法事とか[16]盆施餓鬼《ぼんせがき》とか、今は普通に仏教風の言葉を使っているものでも、日本語でいえばやはりマツリなのである。そうかと思うと他の一方のいわゆる祭礼でも、幟《のぼり》や掛け提灯《ちょうちん》にこそそう書いてはあるが、女や子供はたいていはマツリ、オマツリとしかいわない。東北地方などに行くと、まだサイレイという語のない村が多い。ただ若干のインテリだけが、たまたま大きな祭をゴシャレイなどというを聴くのみである。文字に書けばこそ祭の礼だろうが、耳の日本語としては二つはまるで違ったものである。これを全然同じものだと、考えない人の方がもっともである。今の多数者の用法からいうと、祭礼はつまり祭の一種特に美々しく花やかで、楽しみの多いものと定義することができるかもしれぬ。あるいはもっと具体的に、見物というものが集まってくる祭が、祭礼であるといってもよいかもしれないが、それではまた見物とは何かということを、説明しなければならぬからめんどうになる。とにかくに祭礼はもと外国語だから古くからあったはずはないが、京都人の記録には鎌倉時代からすでにみえている。あるいは捜したらもう少し前から用いたかもしれぬが、これも最初からただ祭の別称ではなく、どうやら有名な御社の大きなお祭だけに限ってそういったものらしく、すなわちほぼまた現在の用法に合するのである。

三つほどの問題がこれに伴うて起こってくる。第一には、この祭礼という語が輸入もしくは新鋳《しんちゅう》せられるまで、土地土地では何という語をもってこの区別を言い現していたろうか。あるいは元は全くそういう区別の必要はなかったろうかということである。今日でも公けの文書の中には、気をつけてみると祭礼という語はあまり使われぬらしい。その代りには大祭という語がほぼ民間で祭礼というものの意味に用いられている。すなわち一年に何十何度とある祭典の中で、一つだけ大きなまた評判のものがあって、これを表向きには大祭といっている。あるいはこういう名称が古いころにもあって、元はオオマツリ、今はタイサイと呼ぶのではないか。これについての多少の心当たりはマツリとオマツリとの区別である。女たちはもう混同しているだろうが、男にはこの二つを使い分けている人が今もおりおりはある。著しい例は奈良の春日《かすが》若宮《わかみや》の十一月のお祭、これは必ずオンマツリと一般にいって、ただマツリという者はない。この敬語には意味があったかと思う。すなわち祭るのは自分たちでなく、政府領主貴《とうと》いかたがたがお祭りなされるからオマツリで、めいめいだけで祭るものをただマツリと呼んでいたのが、それでは紛らわしいので一方のごく少数のものを、祭礼と言い始めたのが元ではないか。現在も官祭私祭という差別を立てている人もあるらしいが、全国を見渡すと、こういうお祭の使が立つような神社はわずかで、いわゆる祭礼のある御社の方はそれよりもずっと多いらしいから、ことによると本来は官私の別とは関係がなく、社ごとに大祭小祭の区別がまず存し、その大祭の方だけに、朝家官府が参与せらるるの風が後に始まったのかもしれぬ。

もしもその想像のごとくであるならば、しからば大小のちがい目はどういう点にあったろうか、ということが第二の問題になる。別の尋ね方をすると、新たに祭礼という名称を設けて、他の一般の祭と差別しなければならぬ必要はどこにあったろうか。年内の数多くの祭の中で、特にその一つだけを大祭にする土地が、だんだんと多くなってきた原因は何か。大ざっぱに言えば、むろん世の中の進みと答えられるだろうが、それがどういうふうに我々の祭の全体に影響しているか、ということが説明せられなければならぬのである。

三

第三の問題はさらに根本的のものである。すなわち祭礼がまた一つの祭だとするならば、そうしてマツリが古くからの忘るべからざる日本語であるとするならば、その大小各種の祭にも必ず共通した大切な意味がなければならぬのだが、それはいずれの点に求むべきものであろうか。我邦《わがくに》の祭が時代の文化の影響を受けて、世とともに徐々に様式を改め、しかも各御社ごとに、それぞれ単独に発達して、外に現れた祭ことに祭礼の形が互いに違っているということは、いちだんとこの根本的な共通点を見のがすべからざるものにする。そうしてまた幸いにしてこの状態が、それを見つけ出すのに都合がよいのである。かりに仏教の信仰行事のように、一宗一派で制定し教育し、全国おそろいにきまっているものだったら、よほど確かな記録でもない限り、その一つ以前の形に復原することは難しかったろうが、祭の様式は社ごとに古例があって、それが変遷の各段階を存し、また思い思いの改定が加えられている。我々は今まで馴れて怪しもうともしなかったが、同じ地方の祭または祭礼というものにも、こんなにも違うかと思うほどの変化が見られる。これを一つの信仰の現れとして、少しも不審を抱かなかったのも、国民の持って生まれた確信の一例で、外から観《み》た者ならば疑う方があたりまえである。そういう状態のままではいつまでも置けぬだろう。

それでこの三つの問題の中では、当然に第三のものに最も多くの力を入れなければならぬことになるのだが、その手段としては、やはり第二の問題を通っていく方が便利である。諸君の故郷の氏神様には、年に五十度七十度というほど、数多い祭があることを報告せられている御社もあるにかかわらず、通例マツリの概念として胸に浮かぶのは、小さなころに目を見張った「祭礼」の光景ばかりで、たまたま田舎をあるいて、これでもマツリだろうかと思うような、静かな質素な小社の祭を見ると、あれは信徒に力が乏しくて、よろず簡略を旨とし、ただ形ばかりを行のうているのだろうという想像も起こりがちだが、それは今一つ他の一面に、「祭礼」の方が後にいろいろの趣向を凝らし、新たな催し物などをつけ添えて、こういう花々しいものにしたのだろうという見方も成り立つので、実際はその方が多くは当たっているのである。

実例によって話をする方がわかりがよいであろう。祭礼というとたいていの人が連想するのは提灯のさまざまで、たとえば飛騨《ひだ》の高山などの祭礼には、町ごとにおそろいの長い提灯を軒につるし、その模様がいかにも落ち着いていて、これをこそお祭気分と感じない者はないのだが、少し考えてみると蠟燭《ろうそく》はいつから日本にあるか、紙はいつから自由に供給せられ、これを割り竹のひごを細く撓《たわ》めたものに貼りつけて伸縮を自在にし、桐油をこれに塗って雨に濡《ぬ》れても、破れぬようにするまでの技術は、いつのころから普及したか。この二つのものが合体しなければ提灯はなく、またそれ以前から我邦には祭はあった。現に今でも祭の夜に限って篝《かがり》を焚《た》き松明《たいまつ》の火を用い、そういう特徴をもって祭の名とするものも地方にはあるのである。

四

あるいはまた幟（ノボリ）と称して一反の白布に乳《ち》をつけ竿《さお》にとおし、国土安全だの五穀成就だのという祈願の文字を大きく書いたもの、それが稲田を吹き渡る秋の風にはたはたとゆらめく光景は、祭礼の最も祭礼らしい思い出であるが、この幟が盛んになったのもそう古いことではないと見えて、絵巻や中世の記録の中には、まだ私は見たことがない。後にこの問題をもう一度説くのであるが、要するに基づくところは確かにあるとしても、外に現れた形はまるで以前とは変わっているのである。

それよりもさらに一般的なる祭礼の特色は、神輿《みこし》の渡御、これに伴ういろいろの美しい行列であった。中古以来、京都などではこの行列を風流（フリュウ）と呼んでいた。風流はすなわち思いつきということで、新しい意匠を競い、年々目先をかえていくのが本意であった。我々のマツリはこれあるがために、サイレイになったともいえるのである。しかも神々の降臨、すなわち祭場に御降りなされるということは、私の信ずるところでは古くからの考え方であった。ただ今見るような金碧燦爛《さんらん》たる乗り物にお乗せ申して、ちりんちりんと舁《か》いて練りあるくということが、今もって他の小さな祭にはないのである。京都とその周囲の祭礼は、記録文書の史料の中からでも、おおよそこの発達の跡を尋ねることができるかと思う。神様を祭場へお迎え申す方式にも、乗り物を用いた例は早くからあった。神馬の方がもう一つ前であり、また今でもいちだんと弘《ひろ》いかもしれぬが、ミコシという例も少なくはなかった。中世の歴史に有名な日吉の神輿はその一つ、春日《かすが》の神木というのも手輿に乗せ申して舁いて出た。ただ現在普通になっているような飾り御輿に至っては、本来はただ定まったある御社だけのものであった。京の祇園《ぎおん》が最初であったように、我々の間では想像している。その他には御霊（ゴリョウ）今宮というような、祭り始めの歴史のわかっている御社、もっと進んで言うならば怖《おそ》るべき神々、特にその神の御怒りをなだめ奉るべきお祭のみが、もとはこういうふうにできるだけ美々しいしたくをしたのではないかと思っている。すなわち少なくとも諸国の多くの御社の神の御渡りにも、このきれいな御輿を用い始めたのは流行であり改造であり、近世の平和期以後の文化であり、したがってまた主として都会地にまず入ったもののようである。工芸史の方面から見ても、このことはかなりはっきりと説明し得られる。つまり日本の新たなる文化は、第一次にまた広範囲に、この方面に適用せられたのである。これにはすこぶる複雑な社会心理が働いていることと思うが、とにかくにこれによって、多くの城下町や湊町《みなとまち》に、一つの立脚地または一つの力と頼むものができたのだが、その代わりには「日本の祭」は、よほど昔の世とは変わったものになった。これがまたいわゆる祭礼を、他の種類のさまざまの祭と対立させて、考えてみなければならぬ理由でもある。

五

日本の祭の最も重要な一つの変わり目は何だったか。一言でいうと見物と称する群の発生、すなわち祭の参加者の中に、信仰を共にせざる人々、言わばただ審美的の立場から、この行事を観望する者の現れたことであろう。それが都会の生活を花やかにもすれば、我々の幼い日の記念を楽しくもしたと共に、神社を中核とした信仰の統一はやや毀《こわ》れ、しまいには村に住みながらも祭はただながめるものと、考えるような気風をも養ったのである。この気風はむろん近世に始まったものでない。したがってすでに明治以前からも、村里の生活にも浸潤していた。村の経済の豊かな年には、農民はいつもこの「見られる祭」を美しくしようと心がけつつ、しかも一方には彼ら伝来の感覚、神様と祖先以来のお約束を、新たにしたいという願いを棄《す》てなかったゆえに、勢い新旧の儀式のいろいろの組み合わせが起こり、マツリには最も大規模なる祭礼を始めとして、大小いくつとなき階段を生ずることになり、一つの名をもって総括するのも無理なほど、さまざまの行事が含まれることになったのである。そういう中でもことに複雑で、ただ見ていただけではちょっと沿革のわかりにくいのは、神様を祭場へお迎え申す手続きであった。前年私は甲州の御嶽に参ったとき、ちょうどその日が夏の祭礼の日だったので、旅人として詳しく拝観することができた。この祭にはまず金色の神輿が出て、それには神殿の御鏡を神官が袖に奉じて、輿の中へお移し申す式もあるのだが、他の一方には神馬がその行列の中に加わっている。この馬は今は村の有志家から借り上げるらしいが、これには神官が乗るのでもなく、またただ飾りとして後から曳《ひ》くのでもなくて、特別の鞍《くら》があってその中央に御幣を立てるようになっている。そのまた御幣というのが毎年の祭ごとに、後から後からと白紙で剪《き》ったしでを、幣串《へいぐし》のまわりに巻き立てたもので、御幣とはいってもまん丸な独楽《こま》のような、珍しい形のものになっている。本来はこれが神霊の依坐（ヨリマシ）であったことは疑われない。すなわち新式の飾り御輿を、ここでもいつのころからか担ぐことにはなっているのだが、そのために前々からある神馬でお迎え申す方式は中止しなかったので、二とおりの乗り物が連なることになっているのである。

この御社の古い方の神の依坐（ヨリマシ）は、御幣すなわちミテグラになっているのであったが、これにはまた現実の活きた人間を使うこともあった。神霊のこれに乗り移らせたもうた後、歩ませてまたは馬に乗せて、祭場に進む例は今でもまれでない。ヒトツモノというのが多くはこれであった。その一つ物も熊野の新宮のように、いつのころからか馬上の人形になっているところもある。そういう場合にはその人形の腰に挿《さ》しまたは笠の端につけた一種の神聖なる植物に、神霊が御依りなされるものと考えていたようである。言うまでもなくこれは儀式の最も神秘なる部分であるがゆえに、信心のない者には見せたくないのが普通であって、中には暗闇祭などと称して、その時刻家々の燈火を消さしめて、誰にも見られぬようにして御わたましを仰ぐ例さえあった。片輪車の怖ろしい伝説もこれから起こり、伊豆七島の正月二十四日、忌の日（キノヒ）とも日忌様（ヒイミサマ）ともいう祭には、赤い帆を掛けた神の船が海を渡って来る、それを見た者は死ぬとまで伝えていた。それが少なくとも神幸の途上だけは、なるたけ多くの人に拝ませようということになったのだから、大きな変化といわねばならぬ。信心の深い者の心では、神の御出入という部分が祭の要所であり、それだけは一定の条件を具えた奉仕者よりほかの者に、見せてはならぬという戒めを守っているのだが、娘や子供の多数の路傍の人は、そんな点には注意を払おうとしない。したがってその部分はむしろ蔭の行事となり、中古の文芸にもしばしば見えている賀茂《かも》のお祭のように、桟敷《さじき》を掛け渡し牛車を立て駐《と》めて、はなはだしきは樹の枝にさえ登って、今か今かと行列が前を通るのを待ったのである。神の御幸が昼間の行事となり、もとは必ず一続きであったと思われる祭の日を二つに分け、後の半分だけを本祭（ホンマツリ）だの、当日だのまた「日のはれ」などと呼ぶことになったのも、原因は全くこの行列の風流のためであった。前にはどうだったかを問題にする必要があるのである。

六

我々日本人の昔の一日が、今日の午後六時ごろ、いわゆる夕日[17]のくだちから始まっていたことはもう多くの学者が説いている。それゆえに今なら一昨晩というところを「きのうのばん」という語が全国に残り、また十二月晦日《みそか》の夕飯を、年越しとも年取りともいっているのである。我々の祭の日もその日の境、すなわち今なら前日という日の夕御饌（ユウミケ）から始めて、次の朝御饌（アサミケ）をもって完成したのであった。ひるという食事は、もとは屋外だけに限られていたようである。つまりこの夕から朝までの間の一夜が、我々の祭の大切な部分であって、主として屋内において、庭には庭燎《かがりび》を焚《た》いて奉仕せられたのであった。夜半の零時をもって一日の境と考え、または一日は旭《あさひ》の登るときから、もしくは東の空の白むときから始まるというふうな考え方が行なわれて、自然にこれを二日つづきの式のように解する人が多くなったのは、これもまた大きな変遷であった。それでもいわゆる宵宮の方が重いもののごとく、感じている年寄りもまだ多いのだが、とにかくに二日の祭だと思うために、二度参ればよいこととして、晩に参って帰って来て、もう寝間着を着て寝てしまうのがあたりまえになってきた。そうして御籠《おこも》りまたは参籠《さんろう》という言葉が、もはや田舎でしか使われぬようになっている。これは確かに一つの著しい変わり目だから、もう一度その前と後とのちがいを見比べてみなければならぬ。宵宮または夜宮などという言葉なども、はたして夜中の宮参りの意であったかどうか疑いがある。中国西部から九州にかけて、いわゆる宵宮をヨドといいヨドン夜ヨドン晩といい、またヨド参りという語もあり、祭の始まりをヨドを立てる、祭の終わりをヨド払いともいうから、このヨドは明らかに斎殿または斎所であり、したがって我々のいうヨミヤも、斎屋であったかもしれぬのである。そうすれば祭の行事の中心が、もとは屋内の奉仕にあったこともこれでわかり、屋外日中の美観を主とした「日のはれ」が、本来は祭を果たした後の祝賀式、豊《とよ》の明《あか》りの系統に属したことも考えられる。少なくとも祭礼は昼間のもの、「祭」はもと夜を主とするものであったと言っても誤りはないようだ。

　この夜分を主にした祭の式は、捜せば民間にもまだ多いのであるが、宮中の御祭儀にも明らかに伝わっている。御一代御一度の大嘗祭《だいじょうさい》は申すに及ばず、年々の秋の稔《みの》りの後の新《にい》嘗《なめ》のお祭、または冬の終わりに近く執り行なわせられる御神楽《おかぐら》もこれであった。内外の官吏は今も各班一人ずつの代表を立ててこれに参列する。夕の御饌《みけ》が終わってから、一同は参集殿に退出して起き明かすので、その際は彼らにも酒食をくだされる。それから再び朝日の豊《とよ》さか昇りの時刻になって、また朝の御饌のお祭に参列するのである。この昔ゆかしい御作法は、今のような忙しい時世になるとよほど守りにくい。それで畏《おそ》れ多いことだが、夕御饌の時刻をずっと遅くすると共に、一方朝の御式を未明まで引き上げて、その間の時間が今はよほど短くなっている。それがよいとか悪いとかいうことを、私は論じようとするのではない。古い祭の式は一般に、この夕朝二度の供饌《ぐせん》の続きであって、諸人は清まわった装束のままで、夜どおし奉仕するのが「日本の祭」であった。そうしてまた今でも地方にはまだそれが行なわれていて、御夜籠り（オヨゴモリ）というのがすなわちそれであったということを述べれば足るのである。都市では御通夜（オツヤ）という言葉が、現在は凶事の場合のみに限られているが、これも夜どおしの意であり、また祭にもそういう地方がある。祭に徹夜をする行事がなくなったので、それが不幸の夜だけに限られているのである。

七

古い言葉はかくのごとく、いつの間にか心持ちと感じが変わってくるのである。それでも注意して文献を見れば、古今の差を知ることも困難ではない。マツルは歴代の学者も説いているようにマツロウという語と別のものではない。今でいうならば「御側にいる」である。奉仕といってもよいか知らぬが、もっと具体的に言えば御様子を伺い、何でも仰せごとがあれば皆承り、思し召しのままに勤仕しようという態度に他ならぬ。ただ遠くから敬意を表するというだけではないのであった。マイルという日本語も、今でこそちょっと立ち止まり、帽子を脱いで俯《うつむ》くだけの挙動までも含むらしいが、それでもまだバスや電車の中から、目を伏せるだけでは参るとは言わない。以前の意味は国語も漢語も、共に定めの場所へ出頭して、少なくともある時間そこにいることであったのは、参列とか参加とかいう用法にも現れている。人が戯れに「参った」などというのも、失礼千万な濫用ではあるが、やはりまた屈服随従の意であった。我々の御辞儀は一般に非常に短くなっているので、これもその一例のように看過《みす》ごされてはいるが、神参りだけはあるいはそれ以上の変わり方があるかと思う。今日はよほど篤信な人たちでも、神前に立礼することをなんとも思っていないが、そういう拝み方などは百年以上の絵画には見られない。地上に膝《ひざ》を突き扇を前にひろげて、拝んでいる姿なども元はあった。たぶんは巡拝巡礼などと称して、足ついでにいくつともない御社を拝んで廻るような風習がもとで、この参り方が急にぞんざいになったものであろう。いずれにもせよ、祭りと参りとの距離は、これがためにさらにいちだんと遠くなって、新たに参詣《さんけい》というまた一つの新たなる信仰行事が増加するに至ったのは、必ずしも外来宗教の影響ばかりではないのである。大きな御社では、今でも正式参拝という言葉があって、かなり簡略化してはいるが、これはなお社の側での一つの臨時祭であることがうかがわれる。つまりは参るというのは元は籠《こも》るということも同じで、ある一つの祭典に参加することであった。したがって祭に仕えるだけの条件を具《そな》えた者でないと、参るということも元はできなかったのである。このいわゆる参詣と参籠《さんろう》との関係については、後にもう一度話をする必要があるからここでは詳しく述べないが、とにかくに世の中が改まり生活事情が違ってくれば、これほど重要な祭という儀式でさえも、やはり変わって行かなければならなかった。そうして一方に宵暁の御饌《みけ》の間隔が、できるだけ短縮せられたと同時に、他の一方では祭の時間が前と後とへ延びて、日中屋外での所作ばかり多くなり、また重いものと見られるようになってきた。これが私の考えている祭から祭礼への推移であった。古今三千年の長い歳月を貫いて、何が「日本の祭」の変わらざる要点であるかを、知らんとする志のある者は、まずもってこの著しい時代のちがい方を認めてかからねばならぬ。都市と村落と、または東北と西南と、ほとんど土地ごとにといってもよいほどに、まちまちになり切っている外観の中に、なお一筋の国全体に共通なものが見いだされてこそ、はじめてそれが祖先伝来の道だったと言える。ただ限りある各自の経験をもって、偶然に作り上げた一つの概念を尺度とし、こうでなければならぬといい、そうでないものは誤っているというような、わがままな物の考え方をしては、わかるべきものさえわからなくなってしまうであろう。今日の状態では、それがまた本人だけの損失ではすまぬのである。

八

少しくよけいなことを言った嫌いはあるが、日本の神道くらい、このかたくなな学者の態度のために、迷惑をこうむっているものもまれなのである。後から出て来たものがいつでも前の説を突きのけているから、眼の前に大きな乱闘を見ることは幸いになかったが、江戸期三百年の間だけでも、もう算え切れないほどの種々の解説が現れて、それがどれもこれも両立せぬものばかり、一つでも研究の積み重ねということがない。年を加えるほどただ煩雑《はんざつ》になって、どちらについていってよいのやら茫然《ぼうぜん》としてしまう。これは全く事実を集めて、比較をしてみようとする者がなかったからである。それも絶無とまでは断言できない。伴信友[18]とか黒川春村[19]とか、少なくとも一時はそういう学風がやや萌《きざ》したのだが、近ごろはまた消えかかっている。事実を基にして考えてみる学問、どんな小さな事実でも粗末にせぬ態度、少し意外な事実に出逢うと、すぐに人民は無智だからだの、誤っているのだのと言ってしまわずに、はたしてたしかにそのようなことがあるか。あるならどういう原因からであろうかと、覚り得るまでは疑問にして持っているような研究方法の、国の将来の計画のためにも入用な時代は来ているのである。

　そうしてまた少しずつはわかってこようとしている。祭から祭礼へ、参籠からただの参拝へ、移ってこなければならぬ事情は外部にあったのみならず、内にも夙《はや》くからそういう傾向を、備えていたかと思う場合は多い。傾向もまた一つの性質であるとすれば、すなわち我々は変化そのものの中からでも、なおその根本の信仰の姿を、うかがい知るようすがをもっているのである。たとえば前に言った各地の祭礼風景、大きな幟《のぼり》の風にはためく風情なども、木綿が麻布と代わって墨で字を染めることができ、文字を人が書きまたは読み得るようになれば、それが遠くからでもはっきりと見えるように、片端に乳《ち》をつけて棒に通し、あまり翻えらぬようにしたくなるのは自然で、本来は少しでも有効に、ここは祭場でござる。この家で今祭を営もうとしておりますということを、標示したいという念慮の展開に他ならぬ。祭場の標識に竿《さお》を建てるというだけは、ほとんど最初からの約束といっても誤りはない。ひとり日本のみでなく、いやしくも神が上空から降りたまうものと信じていた民族ならば、皆これを立てたであろう。すなわち大空を行くものの、これが一つの目じるしだったからである。目じるしだから日のうちは特に目につくもの、あるいは紙のしで・麻の糸・布の類をつけ、夜に入るとそれも見えなくなるゆえに、なんとかして火をともそうとする。高い柱のてっぺんに火を掲げるということは、もとは骨折りなわざであった。それで大松明《おおたいまつ》を引き起こす式があったり、柱松の行事のある土地では、必ず投げ松明の競技がこれに伴い、竿の頂上に燃料の籠を取りつけて、下から火を投げ上げてこれに点火させようとした（このことは「柱松考」[20]という論文に書いておいた）。燈籠《とうろう》や提灯《ちょうちん》という便利なものが普及すれば、誰だってこれを採用せずにはいない。それで高燈籠というものが次に起こり、提灯はすなわち祭礼のつきものとなったのである。今日の祭とは最も深い関係にある御燈明なども、起こりは非常に古いが、やはりこの事情の下に入って来たものであろう。宮中のお祭には古風が多く伝わり、夜は篝《かがり》と松明の火とを主にしていたが、私などが奉仕した大正御代初の大嘗には、火災の危険がなんとしても気づかわしいので、はじめて火焰の形をしたガラス製の、携帯用電気燈が採用せられることになった。村々の神社の常燈なども、はじめて電燈になったころにはなんとなくうとましかったが、現在はもうそれがあたりまえになって怪しむ者もない。もとは祭は満月の夜でない限り、片陰の暗いものときまっていたろうが、町では「見られる祭」を美しくせんがために、まず思い切って多くの蠟燭《ろうそく》を使ったのである。その点一つだけでも村の祭は淋しく感じられ、ただ飲食のために親類が招かるる他は、見物という者を引きつけることができなかった。そうでなければ在郷に似合わぬ花々しい大計画を立てて、土地の祭礼を評判の高いものにした。今日でも変わった祭礼というものの特に多いのは、京都に近くて人口の特に多い諸県、そうでなくても浜方や富裕な農村に、まれには大きな祭礼があって、ここの鎮守様は賑やかなことがお好きなどと、いつから言いだしたとも知れぬ言い伝えをもち、住民もまたそれを誇りにしているものがある。いずれも大昔からこのとおりのようにいうが、実は近年おいおいにそうなったのである。こういう空気の中に大きくなった人々は、知らぬ間に祭の概念を変えられている。そうしてこれという見どころのない村々の小さな祭を、なんだか気の毒なもののように考え始めたのである。

九

祭と都市文化との交渉はかなり深いが、その中でも祭の季節というもののちがいは、誰の目にもはっきりとしている。町の祭の思い出は夏のものに多く、夏の祭というものは上代に少なかった。もちろん四時の境目ごとに、祭を営むべき機会はあったろうが、一年を通じていちばん大きな祭は、なんとしても秋の収穫後の、物の豊かな時に行なわれるもので、その次には春の末または夏のかかり、農村では苗代ごしらえにかかる前のものがあった。旧暦四月八日という日が、特に山の祭と関係があったようである。人のよく言うのは春秋両度の祭、これは農業ことに稲作の始めと終わりとを、表示したことはほぼ確かで、その前と後と定まった日を、山の神が田に下りまた田の神が山に入る日として、祭るというふうも農村には多い。あるいはこれをえびす様が稼ぎに出る日、または大黒様が稼《かせ》ぎから戻って来られる日などといって、少しずつ言い伝えは変わっているが、国の公けの祭の新嘗祭に対して、二月に祈年祭があるのと本の趣旨は一つのものだと思う。

暦は我邦《わがくに》では豊作のため、同時にまた神祭のために備えられたもののように思われる。少なくとも祭に関係のない節日というものは元はなかった。五節供《ごせっく》という名称は武家では重んじていたようだが、農民の間では節供といえば三月三日と五月五日が主で、正月と七月の七日もただの日ではなかったが、これを節供の一つとまでは思っていない者が多かった。九月九日も節供と呼んでいる土地はあるが、これだけはやや別の心持ちをもって迎えられていた。すなわちこの日をもって大祭の日、また祭礼の日とする地方が多かったのである。九州の北半分では、クンチというのが村の御社の例祭の日を意味している。文字では供日とも宮日とも書いているが、なおその名の起こりは九日であって、たまたまその日に祭をせぬ土地があったために、これを別の語かと思うようになったのである。隣近所互いに往来して、長く秋祭の喜びを続けるように、わざと八日にも十日十一日にも、日を違えている村が私の郷里などにも多く、たしか明治の終わりごろに、その弊害を認めてこれを九日に統制したことがあった。関東の各地にも、またクニチという名がある。これははっきりと九月九日のことと認め、ただ作物成熟の遅速に応じて、三九日（ミクニチ）と称して中の十九日でも、末の二十九日でもよいことにしている。そうして例外もあるか知らぬがこの方面では、祭礼とも名づくべき大祭は春季に挙行し、九日はただ物静かな家々の食い祭、すなわち親類が互いに訪問して、酒を飲んで楽しむ日としていたものが多いようである。それでもこの日は馬場に幟《のぼり》を立て、お宮では太鼓をたたき、また西日本でいうところの頭屋祭（トウヤマツリ）がある。ただ祭礼といってよいような行列や催し物がなく、したがって見物の群が出ぬだけで、かえって我々の想像している中世以前の祭に、近いような光景が見られる。

この春秋二季の祭に次いで、冬の祭というものも古くからあったが、これは都会の地では今はむしろ衰えている。近世のキリスト教でクリスマスというものや、支那の暦でいう冬至と同じように、つまりは一陽来復、すなわち太陽の若やぐ日として、それをさらに力づけるべく、大きな火を焚《た》くことをもって特色としている。近畿地方では御火焚きといい、したがって後には鍛冶《かじ》職の祭のようにもなったが、村でもサイトウなどと称してこれを行なうところが多かった。前に言った宮中の御神楽も、たぶんはこれと同系の祭かと思われる。篝火《かがりび》を焚くということが主だったものが、後には音楽を中心とするようになっている。三河の山村でこのごろ大評判になった神楽、または花祭、これに接した信州南山の雪祭なども、やはり大きな火は焚くが、それよりも音楽舞踊の方が盛んである。とにかくに寒い土地では、春を待つの情がいちだんと切なるがために、特にこの祭を重んじたらしいのである。

一〇

冬祭が寒い山間の村に盛んなのとは正反対に、夏の祭というものは平地の方が多い。大小の都会地や海沿いの村や湊《みなと》、ことに水の近いところはどこも盛んである。私は必ずしも都市の要求がこれを促したとのみは考えないが、夜の祭の楽しみは、家が多く燈火の水に映るところが、ことに印象が深かったということは言える。暑い月に入ってもう一度、改めて神を祭るべき必要は、もっと早くから農村にもあったろう。京都では祇園という珍しい名の神様が、旧暦六月の祭の中心であった。東国では一般に天王様といい、祇園を牛頭（ゴズ）天王という名は古いので、これを同じ神ということにきめてしまい、普通に今は皆八阪神社と名を改めているが、この中には尾張《おわり》の津島の天王様の社から、別れて出たものも相当に多い。二つの天王社にはいろいろの信仰のちがいがある。一方は八子王といって御子神は八柱なのに、津島では弥五郎さんというたった一柱の小神が付随している。そうしてその二つ以外にも、なお両者いずれにもつかぬ天王様はあったかと思われ、天王おろしなどという祭の作法がやや違った土地もある。しかしすべての天王に共通な点は、六月の一日と七日と十四日（または十五日）とが祭日であったことで、しかもこの三度の日は、天王または祇園の御社のない土地でもやはり祭日であった。たとえば山陰地方でレンゲの日といい、編笠焼きなどという特別の食物をこしらえるのも六月朔日《ついたち》、九州南部の弘い区域でも、この日をカワ祭と称して水汲み場を祭り、または河童《かっぱ》のごぜ迎えだの亀《かめ》の子配りだのといって、水に近よるのを警戒したのもこの日であった。例は『歳時習俗語彙《ごい》』[21]に詳しく載せておいたから省略するが、ことに珍しいと思うのは胡瓜《きゅうり》の忌み、すなわちこの日以後は食ってはならぬという土地と、この日までまたはこの月だけ、胡瓜を食べてはいけないというところとがあり、さらに瓜に生年月を書いて川に流したり、またはこれを神様に供える習わしもあり、一方には京の祇園にも、御紋瓜《ごもんうり》といいまたは瓜生石《うりゅう》という信仰がある。すべてを祇園信仰の普及と言うことができなければ、祇園はすなわちこの一般の信仰に拠《よ》って栄えたのである。

水の神の御恵みを求める必要は、本来は稲を作る人にも多かったはずである。農民も単に水の利益を認めるだけでなく、またその怖《おそ》ろしさをもすでに知って、同時にこれを免れんことを禱《いの》っていたであろうが、都市のみずから田を栽《う》えぬ人々においては、水のありがたみを感謝する方は少なく、他の一方の水の害の怖ろしさは、いちだんと多く経験している。田舎ならばむしろ喜んで迎えた夏の大雷雨も、彼らには桑原《くわばら》であった。平安の京のある時代においては、特にその畏怖《いふ》の大きいことがあったが、これはあるいは都市の新たなる繁栄に伴う疾疫の流行を、同一原因に基づくものと誤解したためかと思われる。実際この二つの不安はたいてい同じ季節に現れたので、今ある夏の祭の起原はこれであったように、少なくとも当時の記録には見えている。御霊の信仰というのは、単に小さい怒りやすい神霊をなだめるだけでなく、さらに彼らを統御する力を持ちたまうと信ずる天神に祈願して、その災いを制していただこうとしたものであった。御霊会聖霊会という祭は、祇園今宮上下の御霊社だけに止まらず、北野にも男山にも共に行なわれ、一時風をなすという形勢であった。しかしその多くが夏月水の害の多いころの、水の辺の祭礼であったということは、基づくところはなお農民の生活にあったらしく、彼らは都会の集合生活に入って後、あるいは水が流行病の媒介物であることを、存外に早く経験したのではないかとも想像せられる。もっとも夏祭にはこの系統の御社以外、古くは住吉の神があり、またえびす神の諸所の社もあって、これには疫癘攘却《えきれいじょうきゃく》という目的はなかったかと思うが、その祭場はやはり水のほとり、交通と交易とによって生活する人々の群の中であった。たとえ起原は農民と共通の信仰にあるにしても、特に夏の祭をこのとおり盛んにし、また多くの土地の祭を「祭礼」にしてしまったのは、全体としては中世以来の都市文化の力であったと言い得るのである。

祭場の標示

一

祭には必ず木を立てるということ、これが日本の神道の古今を一貫する特徴の一つであった。そうしてその様式は、際限もなく変化している。単に末梢《まっしょう》のたった一つ二つの例に基づいて、根本の思想を推定することは不可能以上、すなわち人を誤りの結論に導かずにいないのである。だからできるだけ弘《ひろ》く、眼前の諸相を観察しなければならぬこと、それがかりに望み難くとも、少なくとも変化の広汎《こうはん》なるべきことを認めてかかる必要のあることとは、いっさいの国民生活の問題についても皆同じであるが、その必要は特に日本の祭において大きいのである。書物ばかりでは概念を作りにくいものの一例として、別に祭の問題を知ろうという人でなくとも、なお私の話を聴いておかれることが参考にはなろう。しかしただ変化が多いと言ったばかりでは、人をめんどうくさがらせるより以上の効果はないかもしれぬゆえに、できないまでも分類を試み、また系統を立て順序を考えて、はたしてこれが根本の一つの法則から、岐《わか》れてこうなったものと言えるかどうか。それにしかりと答えるためにはどれだけの差し支えがあるかを、明らかにしてみようと努めなければならぬ。自分は今までそういう気持ちをもって進んできているのであるが、幸いにしてまだ意外な例外にはぶつかってはいない。

分類はむろん簡単なものから始めるがよい。たとえば数である、また大小である。同じ神様の祭に立てる幟《のぼり》でも、近ごろの個人祈願には千本幟などと称して、箸ほどの大きさの棒に紙を貼り付け、それに神の御名と願主の名や年齢を書いたものを、一人で何十本となく参詣路の側に突き刺しているが、一方村々の祭の日の幟は二本で見上げるように高く、それには墨黒々と大きなめでたい文字が書いてある。また同じ御幣でも、我々が見馴れているのは長さ二尺（約六〇センチ）か三尺（約九〇センチ）のものを正面に一本、それを目当てに諸人は拝をするのであるが、東北の各地でオサシボウと呼び、または近畿から山陰地方にかけて、祭の日に新たに作るオハケサンなどというものなどは、一丈以上もある大幣であって、それを時によって四本も八本も樹《た》てる例がある。名はいろいろと違っていても、一見して別々の伝来と思う者はない。しかも細かに注意して見ると、この御幣の製作形状には、少しずつの差があって、あるいは隣接の土地でも一様でなく、しかも遠いところのものにかえって著しい一致類似の見られることがある。何か事情がなくてはこれだけの変化は生じなかったはずである。そうして私だけはそれもおいおいに、説明し得る時代が来ると思っている。

二

それよりももっと肝要な差別、ことによると後世の人たちが、起原も別であろうと思いそうな差別は、生きた自然の木や枝を立てるものと、木を削って作った大小の棒を立てるものとのちがいである。しかもこれを祭の日に、祭を営む場所に、祭のしたくとして立てる点は、双方ともに同じであり、そのいずれを採用するかには、土地ごとの事情のまだ我々の心づかなかったものがあるだけである。たくさんの地方の例の中には、今でもまだ右の二つの中間のものがある。たとえば緑の樹の枝をもって来て、その加工せられた棒なり柱なりのてっぺんを飾るもの、あるいは四月八日の天道花のように、躑躅《つつじ》や石楠花《しゃくなげ》の自然の花の枝を、竿のさきに結《ゆ》わえて高く立てるものもある。もっと奇抜なのは民間でウレツキトウバなどと呼ぶもので、これは「祭りあげ」ともまた「とむらいあげ」ともいって、人が亡くなってから五十年目、もしくは三十三年目の最終の法事、すなわち人間の亡霊がこれからいよいよ神になるという日に、墓の上に立てる木である。全国を通じてほとんど一様に、杉の生木の四方を白く削って、その表に戒名や法語を書し、その頂上のみは生の枝をそのまま残すことにしている。それであるいはまた「活《い》き塔婆《とうば》」という名もあり、今日は一般に塔婆の一種のごとく見られているが、神職巫女《みこ》の家などでは、この年限をさらに短縮する習いもあり、土佐の御子神は六年を過ぎれば、神に祀《まつ》ってよかったという話も伝わっている。すなわちたぶんは国固有の風俗であって、したがってまた仏教以前の名称もあったことと思う。墓に立てる木は現在は塔婆というのが普通であるが、これにも関西と東京付近とでは、立てる気持ちがよほど違っている。こちらでは親類知友めいめいが一本ずつ持って来て立てるので、年を取って死んだ人の墓所には、この柱が林をなし垣をなしているのをよく見かける。地方によっては直接に松や榊《さかき》の苗木を栽える例もある。上総《かずさ》の海岸などにもそれを見るが、年を重ねるにつれてだんだんとこの木が成長して、空に伸び天に近づき、また新旧の墓の木が集まって、物静かな一群の森となっていくようにしたのは、いかにも自然に近い考え方のように私には感じられる。少なくとも杉の穂先だけを残した今日のうれつき塔婆は、これと無関係に始まったものとは思われない。現にまたそれが根をさして大木となった話も伝わっているのである。

三

この二とおりの柱と生木と、どちらが前からのものかということは、日本のような国ならば推測はさして困難でない。以前は我邦の野山はいたるところ樹林をもって覆われ、その中には杉とか樅栂《もみつが》[22]とかの大木の空高く伸びたものが多かった。松なども群をぬいて亭々と立っていたことと思われる。そういう中から特に秀でたる一本を選定して、これを神様の天降りたまう木ときめることが、かえって骨の折れる事業であったかもしれない。したがってわざわざそういう木を伐《き》り削り、成長を止めまたは朽ちやすいものにして、立てる必要などは元はなかったはずで、すなわちこれを柱にしまたは棒を作って用いるなどは、後に発生した新たなる事情からということが想像せられるのである。一望千里というような砂漠の国、または草原の遠く続いた中に住む民族ならばこそ、あるいは最初の起こりを忘れてしまって、ただ柱そのものを大切に保管し、これを石にも金属にも改めるかもしれぬが、日本人は本来樹木を離れては住み得なかった国民であり、その国土はまた常にこれが成長に適していた。だから最初は皆この自然の生木によって、容易に霊界交通の目的を遂げ得たことと思う。ただしからばまた何のために後々幟《のぼり》やオサシ棒やウレツキ塔婆という類の、木製の高い竿を代用することになったかという問題に答えようとすると、この点ではやはり四隣の異民族の生活慣行を記述する学問が、一つの参考になるのである。手短にいうならば祭場の選定、すなわち人間の意思をもってある程度まで、神をお迎え申す場所を移さねばならぬ必要が起こった結果、いくつかの小さな段階を踏んで、徐々にこの形式の方へ進んできたことが、これによって考えられる。この変遷を可能ならしめたものは、永い歳月にわたった日本人の移住と拓殖で、遠い一方の端を見れば上代史であるが、こちらの一端は現代にまで繋《つな》がっている。朝鮮満洲から南の島々まで、国民が新たな環境に入るごとに、その必要が新たに感じられることは昔からであった。最初はただここで祭れというお示しにすぎなかったものが、後にはこの地でお祭り申してもよろしきやというお伺いとなり、さらに進んでは清浄の土地に、神の御社を建てずにはいられぬというようになったと同様に、これを標幟《ひょうし》する方法も少しずつ拡張せられてきた。すなわち我々日本人の信仰は、すこしでも神の御心に背くことなしに、この程度にまでは展開し得たのである。そうしてその展開のあらゆる段階が、我々の時代にまで伝わっているのである。

四

記録の示すところによれば、その柱竿を樹の代わりに立てたということも古い。たとえば書紀の大柱直（オオハシラノアタエ）の記事は、推古《すいこ》[23]天皇の二十八年に、群臣が檜隈[24]の山陵の外塚の上に柱を立てたとき、この人の柱が飛びぬけて高かったので、それでこの姓を賜わったということになっている。塚の上に柱を立てるのも祭のためと思うが、それはまだあるいは疑う人がないともいえない。それよりも顕著なのは、延喜《えんぎ》式《しき》時代の祝詞《のりと》の慣用語に、底津磐根《そこついわね》[25]に宮柱太《みやばしらふとし》知り立て云々《うんぬん》、とあるもの、これも宮柱とあるゆえに、あるいは今見るような神殿の四方の柱などを想像する人があろうもしれぬが、もしこの宮柱が何本も立ち並ぶものだったら、これを信仰の中心とした考え方は起こらなかったろう。神社の建築には歴世の発達があったらしく、この方の専門家でないと古今の差を説きにくいが、少なくともその中において、ただ一本の重要なる柱を認めていたことだけは確かである。伊勢の大廟《たいびょう》でも中代以後、心柱または心の御柱ということを言い始め、これにいろいろのむつかしい教理を托せんとしている。私は不敏にしてまだどうもその神秘の説が呑み込めないが、とにかくに仏寺の塔などの心柱とは違って、数ある御社の中のどれか一本をそれときめて、これを立てるに際して、その根に物を埋めるという類の、何か特別の儀式が行なわれていたもののように思っている。すなわち大昔以来の国の最も尊い大宮の地にも、なお柱を立ててお祭を仕える習わしは認められていたのである。

それよりももっと世に知られているのは諏訪《すわ》の御柱、これなどはことに方式が素朴で、古い形の保存せられたものではないかと思われるのだが、今も六年置きに一度ずつ、奥山から高い樹《き》を伐って曳《ひ》いて来て、社地の四隅に立てるので、その四本の木には一定の高さの順序があり、たしか前面左隅のものが最も高い。そうして新たにこの柱を立てると同時に、他の年には見られぬような大がかりな祭があるのである。信州の多くの御社には、この柱立ての祭のあるものが多く、ある社では次の年に諏訪の本社の前の柱を持って行って立て、またある社では独立して自分自分の柱を立てるが、それが大祭の機会であることは皆同じである。それからこのごろになってはじめて知ったのは、信州以外東北の各地にもこれほど高い柱ではないが、やはり二本または三本の柱を立ててお祭を営む神社が方々にあった。関東地方の何か所かの土地に、つい近ごろまで行なわれたツクマイという祭も、やはり一本の高い柱を立てて、人がその頂上に登って舞を舞ったので、その点が特に有名になったが、ツクというのは柱のことである。諏訪ばかりはこの柱の数が四本であるゆえに、あるいはこれを建築の代わりででもあるように考える人もあったが、上の諏訪のごときはもともと神殿のないということを特色とした御社であった。そこにそのような建てかけの形などを行なうはずはない。たぶんは伊勢の御式年制度からの類推であろうが、もし両者に連絡があるとすれば、その連絡はいちだんと深いところにあるであろう。諏訪では現在は御柱が立つゆえに祭があるもののように見られているが、私はむしろ反対に、六年一度の大きな祭をするために、必ずこの高い樹を立てることになったものと考えている。すなわちこれもまた祭の場所を指定して、これから中は清浄の土地、神様の御降りなさる庭ということを標示すること、他の大小いろいろの木も同じであったろうと思っている。

五

境に木を立てて外部の穢《けが》れを遮断するということは、よほど大きな祭でないとできぬことだが、ほかにもこのような儀式を中心としまたは特色とした祭がいくつかある。たとえば紀州岩出《いわで》村の岩出大宮、古くは総社権現と称して、根来寺《ねごろじ》の地主神であった御社も、俗にヨミザシ祭、字に書いて斎刺神事というものがこれである。これは毎年八月朔日《ついたち》の夜の真暗闇に、榊《さかき》の木を舁《か》いて村の東西の両端にもって行って立てる。道中は鉄棒を引いて警固し、行列の前後左右に水を振りそそぐ。この榊の葉にはありがたい力があると信ぜられ、ついてあるいて一枚でも取ろうとする者が多いと、『那賀《なか》郡誌』には見えている。斎刺《よみざし》というのは、忌《み》の木を境の地に刺すことで、これを刺し立てるとその木から中が、祭を営むにふさわしい浄《きよ》いところになるという意味であろう。村全体をこうして囲うことは実は広きに過ぎ、したがってかえって穢れを大目に見なければならぬような結果にもなるわけだが、祭に幟《のぼり》を立てる村でも、それをお宮の入口や頭屋《とうや》の前でなく、村の往還の両端に立てる例がおりおりある。昔は村じゅうが一心になって、物忌みを守ることができたものと思われる。信州の穂《ほ》高《たか》神社において境立てというもの、これも四方各十町（約一キロ）ほどの境の端に、榊の木を立てる儀式で、『南安曇《みなみあずみ》郡誌』には詳しい記録が載せられているが、現在は社殿造営の年だけに限るということである。十町四方もの広い区域を斎場に指定して、榊を立ててから後はもういっさいの穢れを入れないとなると、今の社会ではとても毎年は行ない難いだろうが、以前はあるいはそれでも行なわれたか、あるいはもう少し狭い区域を限っていたものか。土地へ行って調べてみたらまだわかるだろう。

九州では宇佐《うさ》の八幡宮で今も行なわれている柴指《しばざし》の神事、これは二月と十一月の初の卯《う》の日の大祭から七日前、すなわち酉《とり》の日の夜中の二時ごろに、四十五本の榊の木の斎柴（イミシバ）というものを、諸所に刺してあるく式であるが、公けの文書にはこれを致斎《ちさい》と称している。すなわちこの式が致斎と呼ばるる重い物忌みの開始になるからである。この斎柴を刺してあるく場所は、古くから一定している。そのうち三本は御社の境内のある地点で、そこには前々からの榊の木が生えている。斎柴はたぶん新たにその枝に掛けられるのであろう。他の四十二本は本社末社の表入り口に掛けられるのだから、これがあっても祭の奉仕者以外の者の生活には影響はない。ただその区域以外に住む土地の人々も、いよいよこの致斎の柴が刺されたと聞くと、敬虔《けいけん》なる者は心が改まりまた引き締まって、祭の清浄を守ろうと努めるのが、以前の習わしであったろうことは察せられる。

六

この柴指《しばざし》はむろん忌み柴刺し、すなわち紀州などの斎刺《よみざし》神事と同じ言葉であろうが、九州の南の方の農村には弘く行なわるる名であって、一般に大祭の開始を意味するもののようである。その日は家々で山から木の枝を折って来て、門の口や軒先などに挿《さ》すことは、正月に松を立て、五月に蓬菖蒲《よもぎしょうぶ》を葺《ふ》くのともよく似ている。奄美《あまみ》大島からさきの多くの島々においては、柴指は旧八月の初の壬（ミズノエ）の日ともいい、あるいはまたこの月十一日ときめたところもある。この方面では柴指は先祖を祭る大切な日の始めで、御社の祭ではないが、やはり家の周《まわ》りまた垣根などに、青い芒《すすき》の葉などを採って来てさし繞《めぐ》らし、今この家には祭が営まれているということを表示するのは、南九州での柴指とかわるところはない。宇佐八幡の柴指神事も、異なる点はただ一方では御社の表口や周囲、もしくは専門の神職の家に限り、南の島々では村じゅうのどの家でもこれをするというだけである。自分はこれが日本の祭というものの大きな変遷の一つ、すなわち正月とか節句《せっく》とかの家々の年中行事と、村の神社の共同の祭とが、本来は一つのもので、後に二立てに分かれてきた経過を例示するものではないかと思っている。頭屋（トウヤ）の制度と慣行については、他日ある機会に一度詳しく説きたいと思っているが、これがちょうど右の二種の行事の中間に立っているので、あるいはまた柴指と同じ趣旨の標識を、今でもその頭屋の家だけに立てる例もある。そうしてこの頭屋の行事にも、またいろいろの地方的特徴があって、今ならばまだこの推移の過程を跡づけることも容易なのである。一つの土地に育ち一つの実例しか見ていない人々にはこういうことも気づかぬかもしらぬが、祭のしきたりにも家々独自の経営から、神職専管の代表祭まであって、その中間にはまたこの頭屋祭のいくつかの階段が見られるのである。たとえば中国の東部地方などでは、村の氏神様の祭の日とは別に、部落の住民が順まわりで頭屋の祭を勤める。それにも神職を招いて式を進めてもらうこともあるが、少なくともその日は社の例祭の他で、主として秋の収穫の後または春の農作の前であった。関東東部の村々でビシャ（歩射）といい、東近江《おうみ》から越前《えちぜん》にかけてオコナイというもの、または弘く全国にわたって日待ちといい二十三夜待ちというものなどもこれに近い。これが一種の祭であることは知っているけれども、その行事はよほど我々のいう年中行事の方に接近している。そうかと思うとある地方の頭屋は、村の御社の大祭を奉仕するがために選定せられ、供物その他の経費を負担するのみか、あるいは神宿と称して自分の家屋敷までを祭に提供する。東京の市中にも残っている頭屋はこの系統のもので、今ではただ欣《よろこ》んでその信仰上の課役に服するだけになっているが、古風な土地に伝わっている慣例では、頭屋の主人の任務は時としては専門の神職よりも多くかつむつかしく、あるいは全く神職の手を借らずに、彼らみずからが一年神主になる場合もまれでない。単に名称の一致から考えても、これが最初から別の起原をもつものでないことは明らかで、つまり次々の社会事情によって、それぞれに異なる変化を経ているのであり、したがって何が共通の点、どういうのが元の形ということが、問題にならざるを得ぬのである。

七

この頭屋《とうや》の選任方法にも、やはりだんだんの変遷があった。肥後《ひご》和男《かずお》氏の『宮座《みやざ》の研究』に、近畿近江の例が詳しく出ているが、現在最も普通なのは順位制、すなわち臈次《ろうじ》年順または軒並みで、争うものなくあらかじめ定まっているもの、あるいは頭文とか頭屋帳とかによって、昔から順番のきまっているもので、これが負担の上からは公平のように見えるが、なおそれ以外にこれを栄誉としまた特権として、進んでその任に当たらんと望む者の中から、籤《くじ》によって一人をきめる例もある。以前は何人も一様にこれを望み、またいつでもこれを勤めるだけの用意があって、その指定を神意に仰ぐ習わしがあったかと思われて、今でもオハライミクジまたはヌサズケなどと称して、多くの紙切れに人の名を書いて器に入れ、まず御幣の端について上って来た名の者を、頭屋に定めるという土地もまれではない。八重山《やえやま》群島の世離れた村々でも、同じ手続をもってツカサすなわち祝女になるべき女性をきめているのを見ると、紙も文字もないような時代から、もう何かこれに近い方法をもって、神の思し召しを卜《ぼく》していたのであり、しかもその手段に御幣が供せられたということは、私には決して偶然ではないように思われるのである。

これは木を削り白紙をしでに垂れた御幣というものがやはり、一種の斎柴《いみしば》であることを説明すれば、おのずから諒解《りょうかい》し得ることである。以前は頭屋に選ばれて次の年の祭に仕える人となることを、頭屋にササレルといっていた。そうしてやはり右に述べたような柴指の式が行なわれていた。たとえば近江多賀の御社の馬の頭などでも、いよいよ頭人が定まるとその夜のうちに、宮から御使が来てその家の表に榊を立てた。秋田地方のある旧社でも、神職がオサシ棒という大きな幣を送って来て、頭屋の門にさしたという話がある。舞の本の「烏帽子折《えぼしおり》」という物語の中には、豊後《ぶんご》の真野長者の家の前に、宇佐のお祭の頭の榊が立ったということが語られている。これなどはなんだか主人も隣人も全く知らぬうちに、自然にその榊が来て立ったようにも取られる。白羽の矢が立つという言葉は、現今は人身御供に娘を上げる場合だけに、限られたもののごとく記憶せられているが、これもまた頭屋の指定が人間の計画を超越して、単純に神の御よざしによるものと、解せられていた時世の常の出来事であって、おそらくはその後もなお久しい間、真夜中に誰にも知られずに、もしくは常人の出て見ることを禁止して、頭屋の榊を刺し立てる習慣が続いていたものかと思う。

頭屋の選任は現在は前年の祭の日に行なわれ、したがってその任期は丸一年間にわたるのを普通とするが、これはおそらく他のいろいろの便宜に基づいた改定であって、次の祭の用意がその時から始まるというわけでもなかったようである。とにかくに今日は頭屋がきまっても、すぐにそのしるしの木を立てに来るという例はあまり多くない。ただその際にはまず家を洗い浄《きよ》め、注連《しめ》を張りめぐらし穢《けが》れを遠ざけようとするだけで、いよいよ祭の日が近づき、潔斎がいちだんと厳重になるに至って、はじめてオハケサンという大きな幣や、笹竹や榊の木や、または幟《のぼり》の竿などを立てるのが普通であるが、いずれにしてもなんらかの目に立つ方式をもって、神を祭るべきしたくの全く調っているということを、標示せずにはいないのである。そうしてその方式に数限りもない変化があると同じく、これを掲げる場所も現在はいろいろになっているのである。多くの土地では御社の前、または神職の家の門だけにこれを立てるが、別に頭番に当たった家の外に立て、あるいはまた氏子全体の家々にも、やや小形の木を配って指し立てる例が、まだ方々に残っている。

八

これがそれぞれに別途の由来をもつもののごとく、解説することはおそらくは不可能である。古くはいずれも皆南方諸島の柴指《しばざし》のように、各戸ことごとく同じ時に祭の物忌みに入り、同じようにその物忌みのしるしを出したものであったことは、賀茂《かも》の祭の日に先だって、軒の簾《すだれ》に葵《あおい》を掛ける習わしが、記録に連綿として伝わっているのを見ても察せられるが、ただその植物の種類や方式が、土地によって著しくいろいろになっているばかりに、今はまだその共通に心づかぬ人が多いのである。これも京都の西に近い松尾神社の御出祭には、今でも榊立てと称して村の青年が、家々の屋根の上へ榊の小枝を、なるべく家の人に知らせぬように、投げ上げてあるく式がある。すなわち祭そのものはすでに改まって、いわゆる神官の代表勤務になっていても、まだこうして古いころの総員奉仕の、形式を止めている例があるのである。

だから現今はもう最初の理由を忘れ、ほんの無意識に古い形式を伝えているものでも、努めて数多くの例を重ね積んでいけば、自然に少しずつはその一つ前の心持ちの、わかってくる場合があるわけである。我々はまだたくさんの報告には接していないが、それでも若干の暗示はもう得ている。たとえば秋田県の生保内（オボナイ）村などで、カクラ祭といったのは山の神の祭であった。もとは旧十一月の祭の日に、頭屋を勤める家へ法印がやって来て舞を舞った。その舞にはミテグラと称して、頭を尖《とが》らせた一つの御幣を手に持って、舞いながらそれをその家の屋根裏の萱《かや》に投げ上げて刺したので、よってまたこの舞をミテグラ納めとも呼んでいた。もちろんかなりの修練を要することで、何べん投げ上げても落ちてくるようでは、不吉と感じられていたというから、誰にでも頼むというわけにいかなかった。すなわちまた一つの専業者を、存立せしめる機会でもあったろうが、これと前に挙げた松尾神社などの榊立てとは、趣旨も方式もやや似ている。この方は頭屋、他の一方は村各戸という差はあっても、神のよざしによって祭を奉仕する者が、心の用意を整えてこの家にはいるということを、自他共に感じ知らしめる目的には共に合しているのである。

右のミテグラという言葉は、古い文学にはあまた見えているのだが、実はその意味が今もって少しも明らかになっていない。

ミテグラは我がにはあらず天にます豊をか姫の神のミテグラ
ミテグラにならましものをすべ神の御手に執られてなづさはましを

この二歌は共に有名な神遊びの歌で、素朴にこれを誦《しょう》すればその意味はわかるはずと思うが、古来日本では幣の字をもってこの語に充《あ》て、同時にまた漢語の幣をもミテグラと訓《よ》ませていたために、これを何か神に捧ぐる幣物のごとく、想像する癖が已《や》まなかった。簡単に言い切るならば、我々のゴヘイは漢語の幣とは違って、神に進献する財貨ではないのである。ゴヘイという日本語が新しいごとく、これに幣帛《へいはく》の意味を持たせるようになったのも後の世のことで、その新語の生まれる以前、本来の名称はミテグラであり、それはただ祭り人の手に執るクラ、今の語になおせば神座であったかと思われる。今でもいわゆるゴヘイを伊豆の新島ではオンテグラ、淡路《あわじ》の島では田の神の祭の小さな御幣のみをミチグラ、壱岐《いき》島にもミチクラ様という神があるのは、これをもって祭るからの名と思われる。現に隣の対馬《つしま》島には、祭の行列に捧持《ほうじ》する大きな形の柱を、カナグラという例もある。とにかくにミテグラのミテが手であって、これを手に執って移動することが名の起こりであったことは、前の「御手にとられて」の歌からでも想像せられる。これに対して移動せぬもの、定まった場所に突き立て、または天然の樹によって設けたクラはなんと呼んだろうか。それには明らかな総称も伝わっておらぬが、たぶんはカミクラといっても元は通じたのであろう。現在はクラシシ・クラッツジなどと、もっぱら山中の岩組みすなわち岩倉にのみこの名は残っているが、本来はすべての神の降りたまうべきところがクラであったのが、後々それを手に執り移し申すことが主になって、ミテグラの名のみが永く行なわれたのかと思われる。いずれにしても信仰の様式が、世と共に少しずつ変わったのである。古来定まった一つの大樹の下に、神を祀りつづけているという土地は増加せぬのに反して、それを次々に移動し得る形に改めて、新しい土地に勧請《かんじょう》するという場合が、だんだんと多くなってきたのである。そうしてこれに伴うてそのミテグラを手に持つ者が、神の指令を受けた者、お祭に奉仕する最も主要なる役だという考え方が、いちだんと強くなってきたことも争われぬのである。

九

日本の二千六百年は、ほとんど一続きの移住拓殖の歴史だったと言ってもよい。最近の北海道・樺太《からふと》・台湾・朝鮮の経営に至るまで、毎《つね》に隅々の空野に同胞を分かち送って、新たなる村を創立せしめる努力があったことは、ことごとく記録の上で証明せられている。神をミテグラによって迎え奉ることがもしもできなかったら、どのくらい我々の生活は寂しかったかしれない。だから今でもその心持ちが、朝鮮神社となり、また北満神社の計画となって展開しているのである。しかもこの邦《くに》の固有の信仰が、由緒深き霊山の麓《ふもと》に住んで、朝な夕なその高嶺の日の光と雲の影を仰ぎ、または年経る樹木の下や、奇《く》しき形の巌石の上において、毎年同じ季節に祈願と感謝の祭をくり返しつつ、心の平和を保っていた人々の間に、成長したということもまた事実である。もちろんこのミテグラの思想が最初からあったればこそ、かかる大規模なる展開を許したのであろうが、少なくともその解釈は、時代と環境との要求に応じて著しく進んでいる。そうしてその解釈を進めるためには、我々の今日守っている推理法以上に、さらになお一つのはなはだ有力なるもの、すなわちレヴィ・ブリュルらがいうところの、プレロジックなるものを備えていたのである。これを簡単に信仰の力ということは不精確であろう。信仰は決してそのように、人の考察と背反しまたは両存しうるものではない。かねてさもあるべしと思うことなくして、あり得べからざることを信じ始めるということはできないのである。

我々の祖先の信仰を支持し得た人生観、もしくは歴史観ともいうべきものには、明らかにもう今の人の持っておらぬものがあった。その一つのことに顕著なものは、私たちのかりに末法思想と名づけ、あるいはこのごろの人が軽々しく神話の世界などと呼んでいるものであった。今日の目前の人生にはとうていあり得べからざる出来事でも、昔の世の中ならばあり得たろうという承認は、まだ少しばかり我々の間にも残っている。ムカシはあるいは向こうという語と関係があるらしく、時の長さをもって測ることのできないもの、神代といえば邈焉《ばくえん》として遠く、歴史を学ぶほどずつはるかにはなっていくが、心の幼ない人々のためには、つい眼のさきまで垂れてきている。沖縄では甘世辛世（アマヨカラヨ）とも別《わか》ち、また蒲葵葉世（コバノハヨ）という名もあった。すなわち岩根木草の言問いかわした世であり、たった三粒の米を入れて、一釜の飯のできた世であった。人が賢く世の交わりが険しくなった結果、もはや容易には見られぬようになったが、我々の遠い先祖は、常にそういうものを経験することができた。だからその見聞を語り伝えているのだ、というふうに考えることが、もとは日本人にはできたので、これはたしかに宗教史家のいう信仰の外である。

それから今一つは第二の世界との交通、夢にこの世を去った父母や故友と逢《あ》う。人が特殊の精神状態に入れば、常は見たり聞いたりし得ぬものを見聞する。凡夫にはわからぬというのみで、霊界の人は常に語ろうとしている。鳥でも獣でも草木虫魚でも皆通信しているのだが、こちらにしかるべきアンテナがないために、通例はそれが受け取れないのである。こういった考え方も決してある一つの宗教の独占でなく、理にまた信仰なき者の間にすら行なわれている。言わば人類の全体に行き渡った古風な考え方で、それがただ民族の差によって若干の片寄りを見せるだけである。日本では特に神霊が人に憑《つ》いて語るということ、木でも草でも何にでも依《よ》るということ、この二つが大衆の古い常識であった。神道はむしろこれによって扶《たす》けられていたのである。近ごろはこの外からの援助が切り離されたゆえに、説明がはなはだしく煩雑かつ区々になっているのである。夢と託宣との真実を認めるか認めないか。これがかなり大きな信仰の岐《わか》れ目になっている。しかも国内に充満する数千の伝説、もしくは多くの御社の言い伝えは、いずれもこれを現実と同じに確認していた時代の産物なのである。

一〇

私はこの問題を論究する資格のやや怪しい者だが、自分の話にも入用があるのだから是非がない。少しばかりのこの点を説いてみなければならぬ。今日の言葉でいうならば信仰の運搬、すなわち地方における新たな祭場の設定は、元はこの伝説と呼ばるる特殊の経験によって、可能にもなればまた盛んにもなったかと思われる。神の遷移の記録の最も古いのは、東国では鹿島御子神《かしまみこがみ》、西では八幡神の京畿進出などであるが、それよりずっと後に出た延喜式《えんぎしき》の神名帳を見ても、地方の神々はほとんど皆独立して、他の土地からお迎え申したと見えるものが少ない。しかるに現在はどうであるか。北野の天神の勧請《かんじょう》というのが、大きいものだけでも全国に二万数千、賀茂《かも》春日《かすが》八幡《はちまん》八坂《や さか》鹿島《しまか》香取《とりす》諏訪《わ》白山《はくさん》というのもおそらくは同数に近く、その中には本社そのものが中世以後に顕《あらわ》れたまいしものもある。すなわちこれは決して大昔からの国固有の信仰現象とは言えないのである。この平安朝初期の大統一以来、漸次に普及してきた神分霊の思想は、今日いうところのミテグラ信仰からは説明がしにくくて、たぶんはその一つ前の形かと思う神木の言い伝えからならば、ほぼその経過を推定しうるのである。神木は社殿の建築が美々しくなるにつれて、だんだんと従属物の地位に退いているが、それでもまだ数多くの社頭の木の中からも、最も目に立つ一本の老樹に注連《しめ》を張り垣を繞《めぐ》らし、祭の儀式をその前に行なう土地も少なくはない。伊賀から近江伊勢へかけての、春の始めの鉤曳《かぎひき》祭などは好い例である。関東の平原では八幡太郎の旗立桜、白旗松などという類の伝説が多いが、国総体を通じて最も著名なものは、逆《さか》さ杉または杖立銀杏《つえたていちょう》というような、たとえば旅の高僧とか武運めでたき将軍とかが、杖を突き立てたのが成長したといい、あるいは矢を刺しまたは昼餉《ひるげ》の箸をさして、この地もし行末永く栄うべくばこの箸根を生じて成長せんと、祝して行ったという語りごとの伝わっているもの、これらが数においても最も多い。それとは少しかわって投げ杉や笈入柳《おい》、すなわちある地にすでにあった神木の枝を持って来て、試みに地上に挿してみたら根づいたという話、これなどはまれに今でもそういう事実があるので、いよいよ後代の者が聴いて疑わないが、そうでなくとも神々の御心であるならば、もしくはこれを刺す人が指命を受けている者ならば、もしくはその土地が祭を奉仕するのにふさわしい場所であるならば、昔は当然に杖が根をさして成長するというような結果が現れた。単に世が末になり人の心がすなおでなくなったばかりに、今日はもうそれが奇蹟となり、何かよくよくの場合でないと、その奇蹟も現れぬようになったのだ。というふうな物の考え方は、まだ決して絶滅していないのである。もちろん始めからじっとその経過を視《み》ていた人の記録が存するわけでもなく、必ずその木がすでに相応の老樹になってから、ようやくそう信ずる人ができてくるのではあるが、かりに推測にもせよ空な幻覚にもせよ、とにかくにこれを疑わしめぬ外部の力というものが、入用なだけは備わっていたのである。

二

この新旧錯綜を極めた文化複合をかき分けて、国が持ち伝えたものの根原を突き留めるということは、容易な事業でないことはいうまでもない。ただ幸いなことには民族としての結合が、日本は他に比べもののないほど単純であって、この永い間の成長にも、これと共に、いう障碍《しょうがい》も紛乱もなかったゆえに、一方には何段となく進み改まった形が目につくと共に、他の一方にはその進展の条件に欠くる点があって、偶然にまだ前の素朴な姿のままで、保存せられていたものが発見し得られるのである。その変化の無数の段階の比較が、行く行く記録なき歴史の跡を、探り出し得る希望を約束する。これがまた私たちのいう日本民俗学の立脚点である。

この方法の可能性を検査するためにも、ちょうど「日本の祭」などが手ごろなまた興味の多い好課題であった。金銀の御幣というような大がかりなミテグラが、社殿の中央に立てられるような時代に入っても、なお一方には津軽岩木山《つがるいわきさん》の松の枝、京都では稲荷《いなり》山の杉、愛宕《あたご》山の樒《しきみ》、さては熊野と伊豆の御山の梛《なぎ》の葉のごとく、必ず霊場の木の端を手折って、持って降りるという風習は今も弘く行なわれている。山で数限りもない樹木の中から、木《き》樵《こ》りがどうしても斧を下さず、しまいには群を抽《ぬ》いて遠くからも望まれるほど、高く大きく伸びていく木がある。どういう木が特に神の木として畏《おそ》れ敬われるかということは、土地によって選択が一様ではないが、最もよく耳にするのはカモ枝といって一方の枝のみが茂るもの、窓木または日通しなどといって幹が二つに分かれているもの、あるいは笠松などと称して枝の端がだんだんと地に垂れてくる木、東北では三つ股に岐《わか》れたものを神様の木として尊む例も多い。外国の学者によって説かれているのはいわゆる霹靂木《へきれきのき》、すなわちまのあたり神の降りたまうを見たという木、これも日本では早くよりいうことで、今でも少しはあるようだがどうも一般的ではない。

あるいは別に異常心理になった人、民衆の目からは神の力に支配せられていると見える人をして、決定せしめる方法もあったのではないかと思う。諏訪《すわ》の御柱の行事としてかわっているのは、最初山に入って柱とすべき木をきめる時の作法であった。今日は国有林だから山林の役人の同意を必要とするが、元は神職が鎌《かま》をもって来て、これぞと思う木に打ち込んで決定したといい、今も形だけはそれを行のうている。その鎌はさきに眼があり背にぎざぎざのある変わった形のもので、お祭の行列にもこれを先に立ててあるくようで、土地ではその鎌の名を薙鎌（ネェガマ）といっている。この薙鎌が不思議に方々の山の大木の中から出て来る。これは近年伐木が盛んになったためで、すなわち以前は御柱に曳《ひ》き下す木以外にも、この鎌を打ち込む習慣があったことを想像せしめる。白馬山麓の小谷郷などの口碑に、昔は毎年ネェガマというものが諏訪から来て、国境をきめたなどといっている。たぶんは山の中の祭典にも、この鎌をもって神の御座となすべき木を決定したことがあったのである。

野中にただ一本の高い木が聳《そび》え、またはその形の特に他のものと違っている木ならば、人は直覚にでもこれが神様の木だということを感じ得たであろう。たとえば杖銀杏・逆さ杉のような木は常には見ない。普通は上を向くべき枝が皆下へ垂れているのは、杖を刺したのが成長したのだからというような想像も起こりやすいが、そんなことを言いだささぬ場合にも、傘松などの枝のさきが地に向かうものは、天からこの土地へ降りたまう神々の、梯子《はしご》として便利なようにも考えたのであろう。『信州随筆』[26]という私の本にこのことは書いておいたが、しだれ栗・しだれ桜の木の特別な注意を受けているのも、あるいは同じ動機からかもしれず、さらにもう一歩を進めるならば、幽霊を柳の木の下に画くようになったのもこれかもしれない。藤とか葡萄《ぶどう》とかの蔓物《つるもの》は、尋常民家の庭園に栽《う》えることを忌む感覚が、今もまだ多くの土地に残っていて、とにかくに植物の形や成長ぶりの異常ということに、一つの目標を置いた時代のあることは確かである。しかしごく古いころの、野山が巨木をもって覆《おお》われていたときのことを考えると、この判別法はあまり役に立たぬ。別になんらかのもう少し適確に、この木こそ神霊の御宿りということを、見定める手段が求められたのではないかと思う。そうすればこのやや珍しい諏訪の薙鎌《ねえがま》のごときも、あるいはその古い方の様式の一つであったかもしれぬのである。薙鎌の用法は今日はほとんど忘れられ、ただわずかな痕跡《こんせき》のごときものを留めただけであるが、かつてはこれが今日の御幣立てのごとく、祭典の主要な部分をなしていたらしいことは、能登《のと》紀伊《きい》岩代《いわしろ》等の国々の諏訪の社に、かえって本社の方では見られぬような神木に鎌を打ち込む作法が、一致して伝わっていたのでもわかる。それと御柱の木の選定に薙鎌を打ったこととを思い合わせると、最初はあるいは鎌を遠く投げて数多い林の木の中から、毎年の神木を見つけ出す習わしが、元ではなかったかとも想像する。それにはまだいくつかの心当たりがあるのだが、あまり話が細かくなるからここでは略しておく、ただ一つだけ比較のために説きたいのは、東国では甲州の笹子《ささご》、相州の箱根、もしくは津軽と秋田の境の矢立《やたて》峠などの頂上に、矢立杉という大木があって、その木に矢を射立てて神を祀ったという言い伝えを存することである。今から百年余り前の記録にも、今の大分宮崎二県の境の梓峠《あずさとうげ》に大きな杉があって、これを伐《き》ったところがたくさんの鉄の鏃《やじり》が出たという話が出ている。東北地方でも、仙台に近い愛島《めでしま》村笠島の道祖神の神木を始めとし、そちこちに樹幹から矢の根の出て来た話がある。神の木に向かって箭《や》を放つなどは、穏やかでないように感じられるが、もとはおそらくはそれが神の依《よ》りたまうべき木を見定める方式であって、後にはすでに定まった一本の老木に、いわゆる「うはざしの箭をたてまつる」ことを、祈願の作法とするように変わったので、私はこれを解して、祭が以前には一区の霊域の中でも、毎回異なる地点において行なわれていたのが、いつとなく常に同じ場所、即ち定まった一つの木を中心として、くり返されることになった経過を、語るものかと思っている。ただしこれは新しい一つの仮定だから、無論後に来る学徒と共々に、その当否を検討してみなければならぬのである。

一二

それにはまずもって今日の社殿の発達を考えてみる必要がある。建築の工芸が進んで、神の宮居が常設のものとなれば、祭の場所の固定するのは当然である。そうなると神木はますます大切な、かえることのできないものにはなるが、同時にまたこれが去年も同じ祭をした木であるということを、人にはもとより、神様に対しても標示しなければならぬという感じが強くなったはずである。だから常の日にも注連《しめ》を張って穢《けが》れを遠ざけるようにするほかに、いよいよ祭の日が近く潔斎が始まると、特に念入りにその木を目立つものとする必要が感じられたかと思う。そうしてホデというのが、その徽章《きしょう》を意味する日本語の一つであったこともほぼたしかである。今日残っているホデには信仰用以外、たとえば入《いり》会《あい》の薪山草苅場またはくれ取り場を占有して、採取の終わるまで他人に手を付けさせぬようにするのに、棒を立ててその端に藁《わら》や茅《かや》を結び付ける。それを東北では今もホデといっている。海岸の寄りもの、または松蕈取《しょうじんと》るべからず、松葉掻《か》くべからず等のしるしにも、この簡略なる結び藁を、木や棒につける風が各地にあるが、それはホデといっているかどうか確かめていない。それよりもよく知られているのは、芝居や相撲《すもう》場の櫓《やぐら》の上に、高く掲げておく大きな紙の御幣、これはボンデンと呼んでいるが、またこのホデであることはまず確かである。東京では[27]大山石尊《おおやませきそん》の信徒が捧げて登山した大御幣、羽後《うご》では保呂羽山《ほろはさん》や大平山の参詣の大きな見ものとなっているボンデンなども、修験や神宮寺の人々は梵天《ぼんてん》と書き、またそういうふうに解説しているだろうが、この棒と梵天帝釈《ぼんてんたいしゃく》とはなにぶんにも関係がありそうにない。民間には昔から始終このような思いちがい、あるいは人を煙に巻く解説が流布《るふ》している。仏法の方でも何か供養のために高い塔婆《とうば》を立てて、それを大梵天と呼ぶ例がそちこちにあった。そうして文字も大宝天王などと書きかえてしまって、はなはだ畏《おそ》れ多い話だが文武《もんむ》[28]天皇の御遺蹟ででもあるように、語り伝えた者さえあったのである。

学問のある人たちには、別にまたシデという言葉が知られている。シデはしだれ柳のシダレルなどという語と連想せられるが、はたして一つの語原かどうか、まだ私は確かめていない。古くはユウシデという名もあって、織布用のいろいろの繊維、ことに苧麻《からむし》の糸をふさふさと垂れていたと言われ、現在もまたしきりにそうしている。そのシデの目的も本来は標識であった。この木こそ最も神聖なる木である、霊の憑《よ》りたまうべき柱であるということを、神にも人にも共に明らかにするためとしか考えられぬのであるが、いつの世からか、そのシデとヌサとの二つの語が混同して、同じ一つの漢字の幣をもって宛《あ》てるようになった。あるいはシデを垂れた木の竿または小さな棒をもって、神の来臨を案内申し上げる習わしから、特に神々のめで喜びたまうべき捧げ物をも、この木に共に結《ゆ》わえ付けることになったのが原因かと思うが、今はまだ容易に断定はできない。とにかくにもとは貴人に捧げる物は雉鶉《きじうずら》の類でも、または手紙のようなものまで、手ではじかに持たずに、たいていは樹の枝に括《くく》り付けてさし出したことが文献に見えている。籠《かご》とか台とかの器物が具《そな》わって、おいおいにそういう古風は絶えたが、それでも強飯の進物に南天の小枝などは今も添えている。現在のお祭では、紅白の絹を木に挿んで、紙の白幣の外に別に立てるが、あれはたぶんヌサであってシデではなかろう。いつからああ定まったか私は知らぬが、とにかくにミテグラを御幣と呼ぶようになったのは、シデとヌサとの混同であることは疑いを容《い》れぬ。なんでもないことのようだが、このためにいよいよ木を立てて祭典の中心とした本の趣旨が隠れ、したがってまた小さなただ一本のゴヘイだけで、祭をしている村々の幽《かす》かな祠《ほこら》の信仰と、堂々たる祭礼との共通点が不明になり、あれはあれでまた別のもの、これと一つに見られては困るというふうな考えをする者は現れた。紙を剪《き》って垂らした今日の御幣なども、あまりみごとであり、またいろいろのむつかしい剪り方が始まったために、これがシデであり要部はその幣串にあり、それがまた一方現在の神式葬礼なるものに、極度まで濫用せられている榊《さかき》の小枝の玉串と、同じ目的に出たものだということに、気づかぬ人が多いのである。しかしこのように紙が村里にまで自由になったのは、決して古くからの出来事ではない。そうしてその一つ前の世からシデの必要はすでにあった。すなわち信仰の要求は永く留まり、風俗は世と共に推し移ったのである。中部日本の田舎に行って、正月家々の神祭の状態を見ると、この進化の各段階は一ぺんに見渡すことができる。紙を立派に白々と長く垂れたものは、どういうわけでか「八丈の垂れ」と呼んでいる。またこれをつけた注連《しめ》を八丈しめ、紙を八丈紙という語も弘く聴くところである。その以外に別にホンダレともケェダレともいう飾りがあり、信州などでは二者は異なるもののごとく考えられているが、いずれも古い世の「削りかけ」または「削り花」というもののことで、それをただ花とばかりいっている土地も、関東伊豆諸島に及んでいる。現在はもうその削り花を長々と削り上げるだけの技術が衰えて、ほんの型ばかりのものを少し作るだけになっているので、あるいは蝦夷《えぞ》の風俗の模倣でもあるかのごとく、思っているような人さえ多いが、紙をシデに剪る智能なり資料なりが備わる以前は、削りかけがいちばん花やかな春の祭のシデであったことは明らかで、すなわち祭人の手に持ちまたは祭壇に立てて仰ぐ、これが唯一のしるしでもあればまた飾りでもあった。もとよりこれを作る者は白く柔らかな木を使い、刃物も念入りに研《と》いだであろうが、それよりも昔はあって今はなくなったのは技術、技術と言おうよりもこれを削り上げるための精神の統一、根気とも慎みともいうべきものが欠けてきたのである。正月に作られるいろいろの棒の中でも、最も弘く国内に分布しているのは祝い棒、子供の手に持たせて鳥を追い果樹を打ち、または新婚の婦人の尻を叩《たた》いたりするハラメン棒の類であるが、これには今日は一種の総《ふさ》を下げるものと、画を描き紋様の紙を貼るものと、左巻きと称して木の皮などを巻き、炉の火で燻《いぶ》して型をつけるものと、さらに昔ながらの削りかけを、ふさふさと垂れたものと、土地によって新旧いろいろの変化がある。最近に霧島山麓のある老農から、作って見せられた孕《はら》め棒などは、材は川楊《かわやなぎ》の木で半分を削りかけ、その長さが一尺（約六〇センチ）もあって、一筋も落ちこぼれてはいなかった。かつては天然の木草の葉をシデに垂れる以外には、ただこの方法をもってのみ神の木を標示した時代があったのである。

一三

まだいくつかの言うべき点を残したが、あまりに多岐にわたったから一応はここでまとまりをつける。要するに日本の祭は、大となく小となく、都会と田舎、村の公けと家々の祭とを問わず、木を立てずして行なうものは今とても一つもない。したごうて何が古今を一貫した我が民族の特徴か、西洋人の普通としている信仰行事と、明らかに違っている点は何かといえば、少なくとも一つはこれを指示することができる。

十字架もクリスマス木も、いわゆるバウムクルトゥス[29]の一例だという人はあろうが、それを承認せしめるためには論証を要する。こちらのはただ見ればわかるのである。ただ我々の新たなる生活事情から、この間にいくつとなき変遷のあったことを、あらかじめ知っておく必要があるだけである。その変遷の最も主要なるものは、第一には移住がまずミテグラの必要を多くし、またその利用を盛んにしたことである。たとえば御幣を修祓《しゅうふつ》の道具のように思う考え方、これは清く祓《はら》われたる人しかその下には立たぬのだから、結果は同じだが順序は逆になっている。次にはこれをもって神意を伺う手段とするオハライミクジの類、もしくはいわゆる神寄せの中座の手に持たせて、その御幣の動きゆれるのを、神の憑《よ》りたまう兆候と解したこと、これもまた永年の経験によって、自然の効果を逆に手段とした例であって、私たちはこれをもって日本の祭が、参詣と称する一つの新たなる信仰現象を分岐せしめた、重要なる段階として注意するのである。それよりもさらに大きな変化は、この祭の木のミテグラが、しだいにこれを手に執る人を特殊の階級にしたことである。以前も一族門党の中で、その役に当たる者はおのずから定まっていたろうが、それはそのおりごとの身分なり境遇なりによるので、言わば神意の顕《あらわ》れのごときものであった。最初はただこの執りものを手にするということが、人を特殊にする原因であったものが、後にはいつとなく特殊な人であるがゆえに、これを持って祭に仕えるのだというように逆になってきた。この変遷のことに具体的にわかるのは、今でも歌舞伎の保名とか班女とかが、竹の小枝を肩にかけて出て来る習わしである。どうして狂乱ならば竹の枝を持つのか、それに答える人はたぶんあるまいが、これは能の舞の物狂いから続いている型であって、現に謡曲の「歌占《うたうら》」などには、その枝を手に執れば神気が添うて狂おしくなるといい、また他の多くの狂女ものでも、「おもしろう狂うて見せ候へ」といっている。本来はその笹を手草に執るということが、すなわち物に狂う条件だったのを、今ではあべこべに笹は異常心理者の持たねばならぬもののように、解せられるに至ったのである。これと同じことが巫女《みこ》と戸童《よりまし》との家にもあり、狂いはせぬけれども神職の家でも、元は旧家の本家であるゆえに、代々の主人が神を祀っていたのを、後にはだんだんとその役の世襲によって、門地を保っているように自他共に解する者が多くなった。祭祀《さいし》を専門の職務としなければならなかった理由はいくつかあり、またはそうしようと努めた人々の中には、実際に神道の深さと尊さとを明らかにした功労ある人も多いのだが、一方にはまた単なる凡俗の動機から、強いてその独占の地位を守ろうとする者も少なくはなかった。ことに中古以前においいて、彼らに援助の手を貸したのは法師陰陽師、共に同胞の多数を痴愚として、むしろ智能の懸隔《けんかく》を利用せんとする傾きをもった人々であったゆえに、時にはなんでもないことをむつかしく、簡単に理解しうることを神秘にせんとする心得ちがいもあって、国民の信仰はついに諸君らのためにははなはだ物遠いものになり、少しもこれを知らずして一生を終わる人を多くしたのである。一つの例を引けばいわゆる御幣の剪《き》り方は、紙が普及してから後のことに相違ないのに、それが極度まで発達して、大夫か法印に頼まないと誰にも剪れないような、大事とか口伝とか名づけて常は隠しておくような、複雑きわまるものが世に現れた。今日はそれが再び簡素な形に復したけれども、我々がみずから神を祀ろうという心持ちはこのために阻《はば》まれ、また実際にははなはだしく粗略になった。祭は本来国民にとって、特に高尚なる一つの消費生活であった。我々の生産活動はこれあるがために、単なる物質の営みに堕在することを免れたのであった。それが一つの収益中心と結びつくに至って、新たに生まれた問題は算え切れぬほどもある。そういう中でも反省してみなければならぬ点は、昔は全く見なかった個人祈願の盛んになったことである。次には神道の歴史を回顧する者が、すべて祭によって衣食する側の人ばかりで、古来祭を必要としまたその最大の恩沢を受けていた我々は、今はまだ彼らの記録による以外に、この重要なる変遷を覚り知る道のないことである。祭に関する日本の学問は、将来さらに大いに前進しなければならない。

物忌みと精進

一

いわゆる祭礼のヨミヤは夜の宮とも書くけれども、実際は忌み屋、すなわち忌みを守る場所のことだということは、前にもすでに気がついた人がある。これは決してただの想像説でない。各地方でその祭の前夜をなんと呼んでいるかを、ほんの少しばかり比べてみても、思い当たるふしはある。たとえば徳島県のかなり弘い区域で、その夜宮をショウジリといっていることは、あの地方の人なら知っているだろう。ショウジリはすなわち精進入りであって、祭に奉仕する人々は遅くともこの時から、精進の状態に入ることを意味する。精進という語は漢語であろうが、これが日本に帰化してから、ある特殊な具体的な内容をもたせられているので、今日の人もやや不精確ながらまだその心持ちを理解し、これを「意思の力でみずから負うところの拘束」と見ているのだが、ただこれを神道本来のものとは見ず、何か仏教の方からの影響ででもあるかのごとく、考える人が多くなっている。これは一つの言葉を神仏双方に用いていたやむを得ざる結果であって、二つが同じでないことは少し近よってみればわかるのである。

祭の精進をなし遂げるためには、普通の生活とは隔絶せられた一つの建物を必要としたが、これなどは確かに仏法の方にはないことであった。大きな邸宅に住む人は、その一部を区切ってそこを使ったこともあるが、通例は精進屋と名づくる仮小屋を新設し、またはそれに供し得る別建物をかねてから設けておき、または一つの尋常の民家を浄《きよ》めて、臨時にその用に供するものもあって、いずれの場合にもこれを精進屋または神宿、その他いろいろの特別の名をつけている。九州の南部から島々にかけては、ハナヤというのがやはりその精進屋である。たいていは神を祀る祭場と接続し、もしくはその同じ場所で祭をした。今日拝殿と称して御社の前面にある大きな建物、または社務所といってお守り札や絵葉書などを頒《わか》っている建物も、多くの場合にはこの精進屋に用いられる。はじめてこういう建築を企てられた時の事情を考えてみると、あるいは精進の人々を容《い》れる方が、主たる目的であったろうと思う。

二

そこで一つの問題となるのは、精進が外来語の日本化したものであるならば、それが入って来るまでの国語ではなんといったろうか。イミまたはイモイ、清まわりなどという古い単語も、その精進の状態を言い現してはいるが、なお近世民衆の日用語としてはものものし過ぎる。たぶんはオコモリという言葉が、以前は女子供によく知られ、それでまた十分だったろうと私は思う。八丈島の村々などは、今でもコモリというのが我々の宵宮、すなわち祭の前夜のことであった。越後新潟付近の村々、福島県では相馬《そうま》地方、また宮城県の石巻あたりでも、共にオヨゴモリというのが宵宮のことであって、今日はすでに夜を徹して御社に詰めている風はなくなったが、そのコモルという言葉の意味だけは、誰にでもまだ記憶せられている。事実また秋ゴモリとか雨ゴモリとかいって、農作終了の感謝にも、雨を乞い禱《いの》る祈願にも、昼のうちに神社に集まって来る例はいくらもある。漁村では主人や息子の海に出て働いている間、家の女たちが御社に籠《こも》る例が多く、房州などではこれをオロシゴモリと呼んでいる。オロスとは船を海に出すことである。山村でも男たちの猟に出ている留守に、女ばかりがオコモリをする風は古くからのようである。もちろんこういう人々は、オコモリすなわち神を祀ることだとは知り切っているのだが、今日はただこの語の用いられる範囲が、いくぶんか以前よりも散漫になっていて、土地によってはオコモリは楽しいものだという、記念ばかり多いのである。

たとえば正月十五日または七日に行なわれる御柱の火祭を、京都では左義長《さぎちょう》といい、九州では鬼の火ともまたホッケンギョウなどともいうが、東の方へ来るとこれをサエノカミ、またはサエド焼きと呼ぶ土地が多く、この火祭の柱の根もとまたは片脇に仮小屋を作り、前の晩には村じゅうの少年がその中に入って騒ぎまた泊り、翌早天に小屋も柱も共に焼いてしまうのが普通だった。私の今住む村では、ある年寝ている子供が焼け死んだという惨事があって中止したというが、付近の各部落では、宿泊はもうしないが、夜遅くまで飲食し遊んでいる風が、やっとこの非常時に入ってからなくなったのである。飛行場で知られている所沢の町などにも、元は正月七日にこの火祭があって、やはりその前夜をコモリといっていた。あるいは初午《はつうま》の祭の前の晩に、稲荷《いなり》さまを祀る家に子供が集まって一所に遊ぶことを、オヨゴモリというところも東北にはある。これらは祭の奉仕者が幼ない者に限られているというのみで、素朴単純ではあるが、これでも昔からの一つの祭なのである。

九州の方へ行くと、宵宮をゴヤゴモリという語があって、大祭には夜分社殿に集まっているが、別に一方に日ゴモリ・昼ゴモリなどというのを行なう回数は多く、これには女や年寄りの比較的閑《ひま》な人たちが、重詰めの弁当におみき徳利を携えて、お宮に集まって来て食事を共にする。これをまた宮籠りという名も存するが、一般にはただ一種の懇親会のように思っている人が多い。その期日もちょうど春秋の最も好い時候の、用のない日を択《えら》んで集まるので、土地によっては会場にお宮の拝殿を借用するぐらいに、思っている人もなしとせぬ。下ノ関その他の山口県各地はことにそういう風がある。しかしこうなってしまっていても、なお参集の人々は、まず始めに神様を拝むだけでなく、持参の酒や食物をめいめいに椿《つばき》の葉などに載せて、お初を神に供えて、さてその後で分配しまた互いに交換して食べるのである。以前はこれが夜分の行事であって、年とった人たちが神社で夜あかしをしているところへ、家から娘や孫が肴《さかな》を届けて来るのが、しおらしい彼らの務めであったと、長門《ながと》の見島などでは言っている。あるいは特にその座中へ神職を聘《め》して、祭典祓《はら》いをしてもらってから、共同の飲食を始めるという例も、豊前《ぶぜん》の京都《みやこ》郡などにはあったので、単なる楽しみの寄り合いでなかったことはこれで明らかである。のみならずこの春秋の定例日以外にも、臨時に祈願なり御礼申しなりがあると、やはり同一の方式をもって宮籠りをしている。それを風ごもり植付けごもりなどと、それぞれの目的によって呼び、また病人のあるときは平癒《へいゆ》のお願いに、七人ごもりなどと称《とな》えて、多くの人の祈念を集めようとするにも、やはりまた同一の形を採用していたのである。

三

つまりは「籠る」ということが祭の本体だったのである。すなわち本来は酒食をもって神をおもてなし申す間、一同が御前に侍坐することがマツリであった。そうしてその神にさし上げたのと同じ食物を、末座において共々にたまわるのが、直会（ナオライ）であったろうと私は思っている。ただしこのナオライの語原が、今日まだ明らかでないのだから断定し得ないが、単に供物のおろしを後にちょうだいすることを、直会だと思っている御社が半分ほどあるのは、どうも心得ちがいらしく思われる。はたして直会が私の想像のように、神と人との相饗《あいあえ》のことであるならば、この飲食物が極度に清潔でなければならぬと同様に、これに参列して共食の光栄に与《あず》かる人もまた十分に物忌みをして、少しの穢《けが》れもない者でなければならぬのは当然の考え方で、この慎みが足りないと、神は祭を享《う》けたまわぬのみでなく、しばしば御憤りさえあるものと考えられていた。この点が我々の同胞の信仰の、最も大きな特色であったということができる。ただし何がその穢れであり、また物忌みの不足であったかは、大昔以来言葉では説明せられず、単に行為とその根柢をなす感覚とをもって伝わっていた。したがって解釈によってその範囲は少しずつ動き、また外来文化の感化なども受けやすかったのであるが、しかも国民の最大多数の者は、実は久しい間その影響の外に在って、存外に古いままのものを多く保守している。そうしてただ諸君のような学問をする人の若干のみが、青年期以来邑里《ゆうり》の保守主義の外に出ていて、この重要なる伝承に参加し得なかっただけである。

私のこの講演の中で最もむつかしく、しかも最も意義の大いなる問題はこれであるが、とにかくに我々の先祖は、この慎みの最も完全なる状態をもって、古くは物忌みと名づけ、後には精進ともいっており、オコモリをもってその徹底を期する手段としていたのである。精進という言葉は仏教でも使い、またしばしば、かれこれ混同していたのであるが、二つの精進は名が一つでも、内容にはかなり明らかな差異がある。たとえば仏法ではいっさいの動物質の食物を口にするを嫌うが、神道の精進で忌んだのは獣の宍《しし》と血のみであった。一方は火の選択には寛大であったに反して、この方ではそれを特にやかましく言い、合火と称して穢れた人の利用する火は、後からはもちろん、事前にすら共に使うことを避けていた。さらに積極的な側から言うならば、神道の方では水の力すなわちその物を洗い滌《すす》ぐ性能を非常に重んずるが、他の一方は水の不自由な土地に始まった信仰であるゆえか、水よりもむしろ香を重んずる。すなわち洗いすてる代わりに薫《かお》りで紛らそうとする。ことに大きなちがいは死《し》穢《あい》を忌むこと、これが我々の生活の大きな拘束であったことは、大化年間の記録にもすでに見えている。しかるに仏教もことに民間に流布した宗旨では、むしろこれを嫌わぬという一大特徴をもって、平たく言うならば競争に勝ったのである。その代わりにこのために仏者は神に近づくことができなかった。一向宗だけはいっこうかまわぬと言って、そんな制限は無視しようとするが、その他の派では神に参ることは差し控え、正月も寺年始は四日からときめてあって、その前に注連《しめ》をはずし松を取り、法師に注連縄の下をくぐらせぬという法則を守っている土地もある。十二月二十五日を念仏の口止め、正月十六日を口明けとも鉦起《しょうお》こしともいって、その間だけは仏名を唱えさせぬという慣習も弘く行なわれ、また宮中でも神事には僧侶を斥けられたことが、歴代の記録に見えている。喪というものの厳格なる排除から、祭の期間や正月に、身うちに死なれた家の不幸は二倍であった。これただ一つから見ても、二教の精進の二つ別なものであることが明らかにわかる。ところが現在はこの区別がだんだんと目に立たなくなり始めたのである。食物だけからいうと、なんだか仏教の精進の方が完全なように見え、大は小をまかなうから、この方にさえよっていれば安心なように思う者も多くなった。そうして神職に葬儀を取り扱わしめて、それが神様を祀る物忌みを傷つけはしないかを、気づかわぬ者ばかりが朝野に充満したのは、まことに怖《おそ》ろしいほどの時代変化であった。

四

この問題には、実は中世以来の日本人もかなり悩んでいる。そのためにはいろいろの折衷策や解釈が案出せられて、だいたいに神の精進を簡易にしようとする傾向は、夙《はや》くから現れているのである。オコモリという方式は、今も全国ほぼ一様であるにもかかわらず、その内容すなわち物忌みの厳重さには、地方ごとに何十級というほどのあらゆる段階ができていて、結局はこれを特色とする御社の数が、列挙し得るほども少なくなってしまった。そのわずかに残っているものとても、この先いつまで続くであろうかは問題である。つまりこの古来二種の精進の、どれだけ違うかを体験しない人々が要路に立てば、行く行くは消え薄れることも自然であるが、少なくとも今ならばまだ若干の古い形が見られるのである。いちばん大きな物忌みの拘束は、その期間の長さであった。古人は普通には一月の四分の一、月の半弦から満月まで、七日または八日の間を、祭の勤仕に適する状態を作り上げるに必要と考えたらしいが、毎日働かずにいられぬ人々には、これが最も困難な経済生活の障碍《しょうがい》であった。それで省略して二、三日前から、そろそろとしたくをして、いよいよ前夜祭の時になって精進に入る者が多くなっているが、コモリは本来はもっと早く始まるべきものであったらしい。現在私などの知っている範囲で、この祭前謹慎の最も弘く行なわれているのは、京都の南方の祝園《ほうその》村の忌籠（イゴモリ）祭、これは井上頼寿氏の『京都民俗志』にも詳しく記録してあるが、その隣村にも同じ慣行の祭はあった。祝園村では祭は一月初の申《さる》の日、申の日が三度あれば中の申の日、祭当日の丸二日前から、氏子全部の家々においてこの物忌みが始まる。めいめいが家にいたままで物忌みをするから、それで居籠りだとも解していたようだが、名の起こりは忌籠りであろうと思う。その丸二日の間は昼睡《ねむ》り夜は起き明かし、いっさいの音を立てない。水を汲みにも出ず、もとは下駄もはかず、柄杓《ひしやく》の柄などにも縄を巻いて水甕《みずがめ》にあててもからりといわぬようにする。かるたの遊びはしてもよいが、碁《ご》は音がするから打ってはならぬという。固い古風な家のしきたりは、これ以上にも厳重だったろうと思うが、食物の精進の方はあまり言わなかった。

その次に有名なのは[30]播州加古《ばんしゅうかこ》郡の日岡《ひおか》神社の祭に伴うもの、これも一社限りの特例でなく、もとはこの付近のやや弘い区域に行なわれていたようである。これは一月の亥《い》の日の亥の刻に始まり、巳《み》の日の巳の刻をもって終わるから、それで亥巳籠りだと今日では解せられているが、むしろそういう後の解釈から、日や刻限などは固定したものかもしれぬ。氏子はもとよりのこと近村の住民までが、その間は洗濯をせず髪も結わず、刃物を使わず外出せず便所へも行かず、音のしそうないっさいの道具には縄を巻く。たまたま戒めを破って外に出て神主の夜行に逢うと、イスクミになるなどといっては畏れられていた。この夜行というのは、元来は常人に見せないで深夜の行列というだけであったろうが、阿波《あわ》の徳島付近などでは、ヤギョウサンという魔神があるようにいう話もある。忌みを犯した制裁の畏れが、いつの間にか妖怪《ようかい》の畏れに変化したので、その類例はまだいろいろある。つまりはまれにも忌みを犯して、その結果を実験した者がなかった証拠である。

右の二つの祭前斎忌《さいき》には、相似たる点が多い。とにかくに双方とも、神職ないし頭屋《とうや》だけの謹慎ではなく、これを守る者は住民全体に及んでいるのが古風かと思う。これとやや近い例はまた関東にもある。千葉県の南部、上総《かずさ》の南の二郡から房州にかけて、旧十一月の下旬から長いところでは十日または一週間、神職の家はもちろんだが、土地の普通の住民も固い家だけでは、今でも同じような物忌みをする。安房《あわ》神社の信徒の間に最も強力に行なわれているので、ここが中心のようにも考えられるが、他の村々の御社にも、同じ季節に同じような慣行を守るものは多い。やはり音を立てず、笑ったり高話したりせず、髪を結わず機《はた》を織らず、また針を執らず、外へ出て働かず外の人を入れず、以前はことに武士の訪問を嫌ったという。しかしこの地方ではイゴモリという名はなくて、一般にミカリまたはミカワリと呼んでいる。神様がこの間に山に入って猟をなさるので、お邪魔をしてはならぬからなどというが、それはおそらく名前から考え出した後の説で、本来は「身変わり」すなわち常の俗界の肉身を改めて、清い祭の人になる準備期間の意であろう。したがって以前は食物の制限があったにちがいないのだが、現在はその品目については言うことなく、ただ安房の一度食いという諺《ことわざ》が伝わっている。これも九月のことだともいい、その説明ももう区々になっているが、おそらく毎回の煮炊きはせずに、前もって調理しておくことで、他の地方でも正月にはそれをしている。支那でも寒食という慣習などが元はあった。たぶんは庖丁《ほうちょう》や火を動かさぬのを主としたことと思うが確かでない。とにかくに安房上総でのミカリまたはオミカワリは、上方の忌籠《いご》りと同じ作法であった。

五

摂津《せっつ》の西宮の正月九日の忌籠りも、一にまたミカリともいったことが、『西宮夷神《えびすがみ》研究』に見えているが、これはどうやら神職の家だけの物忌みになっていたらしい。阿波の西境の山村、奥木頭（オクキトウ）の北川という部落でも、ミカリまたはミカワリというのがあって、これは祭の頭屋だけの物忌みであった。やはりまた祭の前一週間、他所《よそ》の者を入れず、家では機を織らず牛を使わず、ミカシキ婆というもはや女でなくなった老女に、食物を調理させて頭人はそればかりを食べる。そうしてたびたび水垢離《みずごり》を取って後に、いよいよ三日前になるとショウジ部屋というのに入るのだという。これなども氏子全体の者が、一様に守るには少し重々しすぎる精進であるが、少なくとも頭屋の主人だけは、他の人々を代表してその戒律に服したのである。これらの三つの例を綜合して考えると、ミカリが御猟ではなく、身を替えるという意味のミカワリであったことがややわかる。出雲《いずも》の神主の神秘としていた身ノガレの神事なども、おそらくはまたこれであろうと思う。

一つの御社に属する氏子だけではなく、弘く一つの地域の住民が、ある季節に入ると物忌みをする例は、まだ他の地方にもいくつかあるが、全体にその忌みは列挙的、一つ一つの行為を限ったものになっている。その一例としては針止め、すなわちその地方の女たちが針を持ち縫い物をすることを戒める風などである。針は重要なる一つの文化産物で、最初から工芸作品でありまた商品であった。これが市場に売らるるまでは、我々の衣服はどうして縫ったろうか。角とか骨とかを削って針にしたものか、興味のある問題だが今はまだ誰も知っていない。とにかくに鉄を針にしたということは大きな出来事で、したがってまた水の神が針の毒にかかって斃《たお》れたという話も起こり、我々の三輪山神話にもすでにこれを説いている。婦人がある季節に入って、これを利用することを差し控えるという物忌みには、何かまだ我々の心づかぬ理由があったものかと思う。三河の渥美《あつみ》半島の亀山村の風俗は、このごろ石人和尚の風俗図会によって紹介せられたが、ここでも隣村の伊良湖《いらこ》明神の、四月十一日の御衣《おんぞ》祭の日には、この村の女たちも縫い物せず機に上らず、苧桶《おおけ》は伏せ糸枠《いとわく》などは床の間に上げておくという。これはたぶん五月に機を織ってはならぬという、広く全国に行なわれている忌みも同じ趣旨で、すなわち神の御召料を織る月だからというわけであろう。

前にも言ったごとく、民間のいわゆる年中行事と御社の祭とは、元は今よりも近かった。同じ針止めの禁忌もまた神社に伴うて存する地方がある。たとえば栃木県の矢板に近い木幡《きばた》神社の旧暦十二月の遊行神事というのにも、これは氏子一般の者が、前月の末から約半月の間、苧を績まず機を立てず、また針も手に取らなかった。それよりもさらに弘い区域に行なわれているのは、宇都宮の二荒《ふたら》神社のオタリヤ祭に伴うもので、この方はずっと南の方の芳賀《はが》郡の田舎まで、このお祭の日が近づくと、もとは女は針仕事をしなかった。男もこれと同時にいろいろの労働を休み、非常に火を大切にして、炉の中へ足を入れることを戒め、また風呂を立てなかったという村もある。このオタリヤ祭というのは冬と春との二度あって、御社の方ではこれを冬渡祭・春渡祭と書いており、やはり前にいう矢板の遊行神事と同じく、子《ね》の日に始まって午の日までだったというから、この俗称のオタリヤも遊行と同じ意味の御渡りで、すなわちその間は神様が村々を御巡りになるという信仰があったのであろう。現在はもう各社別々の言い伝えになっているだろうが、それを信じてこの各所の一致を無視することはできない。

神巡遊の信仰の今日年中行事になっているのは、旧十一月二十三日を中心としたいわゆる御大師講《おだいしこう》であるが、この解説には仏法が干与して、俗間には高野の弘法大師が、今でも村々をあるかれるという言い伝えが弘く行なわれる。しかも一方では真言宗でない寺にも、やはりこの日を認めているゆえに、近世の学者の新しい意見に従うて、これを支那の古名僧天台智者《てんだいちしゃ》大師の忌辰《きしん》だということにしている。そんな気づかいは断じてないのである。土地によって少しずつ話は違うが、大師の足跡隠しといってこの日は必ず雪が降るといい、または二股大根を女が洗っているところへ来て、半分もらって食べたという類の、おかしい言い伝えばかりが多い。東北ではダイシコという人は女で、十二人または三十三人の子持ちであったともいう。その多勢の子どもを養うのに困るだろうといって、この日は長い箸を添えて小豆粥《あずきがゆ》を供える。またダイシ様はその粥の塩を買いに出て、吹雪に倒れたからともいって、今なお塩なし粥を煮るなどという由来譚も生まれている。実に天台大師らしからざることおびただしいのである。私はこの問題について一冊の本を書く企てをもっているのだが、あらましだけは子供のために出した『日本の伝説』[31]を見ても知れる。その結論だけを言ってみると、ダイシは上代に入って来た漢語で、大子（オオイコ）すなわち神の長子の意かと思われる。大昔以来の民間の信仰では、冬と春との境に特に我々の間を巡ってあるきたまう神があって、それは天つ神の大子であるという信仰があったらしいのである。たぶんは偶然であろうが、西洋でいうクリスマスなるものが、非常によくこれと似ている。あれも季節は一陽来復、すなわち支那でいう冬至の日であった。そうして彼地にはヤソ教以前からすでに存した、自然観察の経験に基づく古い言い伝えであるという。日本では二十三夜待ちという信仰が、どうやらこれと関係があるらしい。全国ほとんどくまなく行なわれているが、これも東北では国巡りの神となっている。

それからもう一つの例は伊豆七島の忌の日（キノヒ）または日忌様、この方は十一月でなく正月の二十四日になっているが、やはりこの夜をもって尊神の来臨を伝え、いろいろの物忌みを守ってお祭に奉仕している。大島新島では悪代官の亡霊、または海難坊という妖魔の怖れに変形しかかっているが、もっと先の方の御蔵島《みくらじま》などに行くと、赤い帆の船が海を渡って来るのを、出て見た者は死ぬなどと畏れているのだから、やはり慎むべき精進の日であった。国地の方でも月々の二十四日を精進して、あるいはこの一日酒を断てば火の災いを遁《のが》れるという説もある。これを地蔵様にまた愛宕《あたご》山の信仰に、結びつけて解説するのが普通だが、月の下弦の日の物忌みということは、そんなものよりまだ少しばかり古そうである。

六

冬至を中心にした忌祭は、著名な御社だけでもなおいくつかある。たとえば羽後《うご》の鳥海《ちようかい》山《さん》を奥宮とする二か所の大物忌《おおものいみ》神社もそれであって、これは御社の名になるほどの重要な特徴であった。西の方では長門《ながと》の忌みの宮、この祭が始まると付近の村々では物忌みをする。海上二十五浬《かいり》の長門見島《ながとみしま》などでは、これをオイミ講と呼び、十一月十四日以後の三日間、外の仕事をさし控え、大きな物音を立てぬようにしている。神様のお産があるのだから、どたんばたんすると御弓で射られるなどというそうである。御弓はもちろんこの「御忌み」の誤解である。島根県の隠岐《おき》の島などでも、やはり十月と三月との巳《み》の日が忌さん祭であって、その間は大声を揚げず、すべての物音を立てぬように慎んでいる。この方はたぶん出雲《いずも》大社の御忌み祭、もしくは佐陀《さだ》の御社の御忌みであろう。この出雲の二つの御社にも厳重な忌祭があって、元はその期間が非常に長かった。それをいろいろと解釈を緩《ゆる》めて、今日はよほど短くしている。そうしなかったらかえって破らねばならぬ場合が多く、信徒の不安と畏怖《いふ》が大きかったからで、見ようによってはこれもまたその信仰が、まだ衰えぬ証拠とも言い得る。

私の想像では、こういう古風の守らるる御社が近くにあると、それに繋《つな》がれて忌みの戒めが永く続くというだけで、本来はどこの土地でも、皆めいめいの祀るところの神に対して、同じ精進を守っていたのではないかと思う。小さな島々は外部の感化が少ないので、比較的この習慣が濃く残っているらしく、それを尋ねてみることは日本でならばできるのである。沖縄諸島の八月の物忌みは、すでに柴指《しばざし》の条において述べておいた。壱岐《いき》の島でオイミサンというのは、冬春の境ではなしに、夏と秋との行逢いの六月晦日《みそか》であった。この日は真砂包みと称して、清い海の砂を供えて田の神を祀る式がある。式の趣旨はもうよくわからぬようだが、とにかくに村々の人はふだんの心持ちでなく、いろいろの作業のこの日だけは禁ぜられるものがあるという。一般に九州から中国西半では、このいわゆるナゴシの日を重んじているが、作法や言い伝えには、よほど京畿と違ったものがある。六月を水の神の祭の月とすることは全国一般に農村の風であって、したがっていろいろの儀式は常に泉のほとり、または川の岸において行なわれるが、その中でも西国はことに顕著であり、これを河童《かっぱ》の災害を防ぐという話も多い。牛の祇園と称して牛を必ず海に入れるのもこの日であれば、河童がその牛の蝨（ダニ）の水に落ちるのを食いに出るともいっている。我邦《わがくに》は全体にこの水中の怪を怖れる話が多く、胡瓜《きゅうり》を警戒する物忌みもしばしばこれに伴うて記憶せられている。

この西国の六月晦日《みそか》の忌みの日に対して、東の方では佐渡《さど》の島などの忌みの日はやはり冬春の境であった。近ごろ世に出た『佐渡年中行事』という本に、詳しく村々の実例が報告せられている。たいていは一年に二度、冬は旧十一月から十二月への移りと、春は正月から二月への移りぎわと、つまり新年を中に挟んで、前後二回の忌祭があることは、前に掲げた野州二荒神社のオタリヤ祭とも同じいのである。この二つの忌みの中間をあるいはもと「忌みなかさい」といったのではなかった。あるいはこのイミナカセイを、二月の朔《ついたち》日から、卯《う》の日までのことだともいう者もあるが、とにかくこの二度の忌みの日の中間に、大切な正月の祭が行なわれるのだから、この期間に何か名があってもよかったのである。現在の佐渡が島では、ただ忌みの日の晩に仕事をしてはならぬとか、よそに泊ってはならぬとかいうぐらいで、その他には常の日と違った食物をこしらえて食べる程度だが、村によってはこの暮れの忌みを日本の祭りおさめ、春の忌みは日本の祭り始めだと言い伝えているそうである。私などにはこれがかなり興味の深い重要な暗示のように思われるのであるが、諸君には格別そうおもしろい話だとも感じられないかもしれぬ。だからできるだけ簡単に、どうして私がそれを興味が深いというかを、説明してみようと思う。

七

この正月の祝言の日を中に置いて、冬春両度の節日を設ける風は、忌みとは直接の関係なしにだが、全国に行き渡っているのである。東京などでさえも古風な家ではまだ守っている。十二月と二月との八日がそれで、一般にはこれをオコト八日と称し、ちょうど三月五月の節供と同じに、全国を通じて今も相応に重要な日となっている。関東各地の農村では、この日は餅《もち》をつきまたオコト汁という食物を調え、屋外にはメカイという竹の小さな籠または笊《ざる》を高く掲げる習慣がある。この晩は一つ目小僧様といいまたは大マナコともいう怖ろしい魔物が来て家々をのぞくのだが、メカイを出しておくとこの竹籠は目が多いから、自分の目が一つしか無いのを省みて、またはその目の数を勘定しきれないで、閉口して早速立ち退くなどと言っていた。江戸期後半の学者たちの随筆類にも、このオコトの日のことを説いたものが多いが、おかしいことには二月八日の方を事始め、十二月八日の方を事納めだという人と、これと正反対に十二月を事始め、二月を事納めだという人と二派あり、地方の実際でもこの同じ二通りの相反する名称がある。私などの判断では、前の方の説はいわゆる合理的改訂であって、コトを正月の祭、すなわち年取り行事のことと考えると、第二の民衆の呼び方の方が当たっていることがわかる。つまりは初春に神を家々にお迎え申して、祭をするというのが重要なオコトだったゆえに、そのための物忌みは前月師走の上弦の月の晩から、次の二月の上弦の日まで続いて、その切れ目の日を祝祭した名残なのであった。ところが物忌みは厳重であればあるほど、うっかりと破りやすく、しかもその破った結果がこわい。それでただその日を油断のならぬ日、うっかりするとひどい目に遭う日とのみ考えるようになって、ありもせぬ一つ目小僧という化け物などを、連れて来るに至ったのである。静岡県の西の郡においては、この日は必ず餅をつき、その餅がくっついたままの枠《わく》をもって、雨戸の外側に大の字を描く風習がある。この大の字というのは、おそらくは物忌みを厳重に守っているという表示であって、外国の学者のいうタブーのエンブレム、すなわち注連縄《しめなわ》や玉串・オサシ棒の端に垂れるシデに該当するものかと私は思っている。この講堂の窓からも見えるあの相州の山の下の村々でも、二月十二月の八日の晩は、ことにめいめいの履物《はきもの》類を、家の外に出し忘れておくことを怖れる。それはもしかの一つ目先生がやって来てその下に焼き印を捺《お》すと、すぐに持ち主の身の上にかかわるからである。というのもやはり上総房州《かずさぼうしゅう》のミカワリの夜の慎みと、考え合わせてしかるべき祭の精進の方式の一つであったろうと思う。

八

古い信仰感覚には言葉がないために、女や子供には精確に学ぶことができない。少しくその記憶を具体的にしようとすると、こういう下駄に焼き印というような、ただ片端の特に印象の深い一点を抽《ぬ》き出して、話題に上すの他はないのであった。人がその本旨を体得するために一生涯を費やさないと、もしくは考え深い年長者がその伝承に参与しないと、新しい文化に取り残される結果に帰すのである。いわゆるインテリ層の人々が子供のころに家を離れ、国民の伝統を省みる機会を与えられなかったということは、必ずしも物忌みの問題には限らず、あらゆる生活の規準の保存に関して、ちっとやそっとの損失ではないのである。そういう中でも多くの精進の戒めなどは、昔の社会の初等教育であったゆえに、むしろ若干の誇張と遊戯味とをまじえて記憶せしめられる。二月と十一月との山の神の祭日に、山に入ってはならぬという言い伝えなどは今でもあるが、もし子供が、それでも入ったらどうなるかと訊《き》くとすると、怪我あやまちがあるとか、出て来られなくなるとか答えるのはまだ単純な方で、人によってはこの日は山の神さまの木算《かぞ》え日だから、樹の中へ算え込まれてしまう、すなわち自分も樹になってしまうなどといって嚇《おど》かしたものであった。あるいは八日のコトの日に仕事をしていると、ヨウカゾというおばけが出て来るともいう。ヨウカゾはただ単に、「今日は八日であるぞ」という注意の古語にすぎぬのであった。信州佐久《さく》地方の農村では正月の晦日《みそか》、二月の月に移る晩をやはり怖れているが、この日もし山に入っていると、ミソカヨイと呼ぶ声がする。その声を聞いた者は死ぬなどといっていた。これもやはりきょうは大切な三十日だよという注意の声に他ならぬのである。上方から関西の方へ行くと、十二月の二十日をハテノハツカといってひどく怖れる風がある。これも正月のために精進を守るべき一日だったかと思うのだが、やはり山路においてこの日だけ化け物が出るという話が、吉野の姥峯《おばみね》その他にはあり、そうかと思うとこの日は一年じゅうの死刑囚の首を斬《き》る日だといい、または山姥《やまうば》の洗濯日だから、もしくは乞食の袋洗いの日だから、普通の家では洗濯をしてはいけないのだと言ったりする土地が多い。盆には蝶《ちょう》や蜻蛉《とんぼ》を捕ってはならぬとか、正月三か日から兄弟喧嘩をすると、一年じゅう喧嘩をしていなければならぬなどというのも、いずれもこの例示教育の一つで、そういう教え方をしたところで、もとは決してただそれだけを守っていればよいわけではなかった。そういう常にはかまわないことすら戒めなければならぬ大切な日だということは、これを言って聴かせる女や年寄りの挙動を見ても元はよくわかったのである。今日はただそのことだけを慎めばそれでよいように、覚えている人も多くなったが、針取らず水汲まず、鍵止め犂《すきど》止め、さては肥精進・鶏精進などというのも皆同じことで、かつてはこれに伴う外廓空気のあることを、言わず語らずのうちに我々が学んでいたのである。

しかも一々の禁条を暗《そら》んじ、これまでは差しつかえなしこれを過ぐれば穢れになるということを、知り尽くしているという自信はなかなか持てない。そういう人も少しはあったろうが、いわゆる慎み深い老人老女などの、あまり何事にもやかましくいうのは、ヒンミツとかゴヘイカツギとか、クスナ人などといってだんだんにきらわれてきた。そうしてただ記憶しやすい二、三の禁戒ばかりが、事々しく残ることになったのである。それから今一つは人が心づかずに、忌みを破るということもしばしばありうる。たとえば道中や船車の中で、喪の穢れのある人と合火をするというような懸念もないとは言えない。はたして自分は身が浄《きよ》く、大切な祭の役を奉仕するに適するか否かについて、多少の不安のない者は少なかった。悪いことは巫女《みこ》とか占い者という類の物知りは、いつも人のそういう弱点のみを突こうとするので、半分の無関心はかえってこの迷信を強くした形があるのである。門口に注連《しめ》を張り物忌みの札を立て、または努めて外出と接客を避けようとした中世の生活も、この不安を最少限度に縮めようとした、言わば弛緩《ちかんき》期初頭の現象だったのである。こうまでしてみても、なお隠れて気づかなかった若干の違犯は想像し得るので、その失敗を清算せんがために、祓《はら》いということをして区切りをつけ、新たなる勇気を振るい起こして、祭祀の事務につこうとしたのであった。

九

祓《はら》いという方式の起こりはむろん非常に古い。しかしその利用の範囲は近世に入るほど拡張している。これに信頼して日ごろは自由な生活をする者、今に祓ってもらうからよいわと言って、祭の前の晩まで牛肉を食う者などは元は決してなかった。その上に祓いの方法も近ごろは極度に簡単になった。いわゆる御幣を頭の上で振ってもらえば、それでまがこと罪穢れが銷除《しょうじょ》するなどということは、私の見るところではハライの学説の進歩に他ならぬ。古いかつ最も本式なる祓の方法は、近ごろ再び復活しかかっているミソギである。これはたしかに印象の深い行事で、元はこれによって肉身の改造に近い結果が得られるように考えられ、またそれが第一の目的であったかもしれぬが、これと共に一時的に身の穢れや罪を自覚する者も、これによって清め拭《ぬぐ》われようとしたらしいのである。沖縄諸島でいうところのシューキーは、今では潮蹴りの意に解せられているが、もとの起こりは「蹴る」ではないのかもしれぬ。とにかく忌まれの状態のちょうど終わった者、また新たに忌まわしいことの起こった場合に、共にそれを絶ち切るためにこのいわゆる潮蹴りを沖縄ではしている。旧日本の方でも、前には喪の終わりなどにこれをしたかと思うが、今日はそれがはなはだしく略式になっている。たとえば葬式から帰って来ると、水を張った盥《たらい》を跨《また》ぎ、臼《うす》のまわりを廻り、もしくはちょっと塩を嘗《な》めるまねをするというくらいなことで、多数の人々が喪に参加することになっては、そう大げさなこともできまいが、これでは完全に穢れの不安は取れず、したがって人が無感覚になるより他はなかった。それよりもいちだんと濃厚に近ごろまで残っていたのは、産の穢れの浄めで、これも山間の村とか、または讃岐の伊吹島のような海近い村々が主であるが、女は月ごとの忌まれにも昔どおりの森戒を守り、厳寒にも荒海の浜に下りて身を滌《すす》ぐ者があった。山で大きな野獣と闘うべき人々、東北でいうマタギなどが、やはりこの水の祓いをことに重んじていた。ただに物質上の穢れだけでなく、山言葉の禁条を無意識に犯した場合にも、やはり谷川に身を浸すことを強制せられ、または何十杯も冷水を頭から掛けられた。すなわちミソギはこういう人々の間には、昔から引き続いて守られているのである。

ただ一つ今日の復活時代と異なっている点は、彼らは一般にミソギという古代語を忘れてしまっていた。そうして改めてこれをコリと呼んでいる。コリには久しい以前から垢離という字を宛《あ》てているが、そんな変てこな漢語があろうはずはない。すなわち宛字はどうあろうとも、コリは日本語なのである。あるいはこれもコモリという語から出たものかと私などは思っている。とにかくに祭のためにコモル人々は、以前はその始めにもまた中間にも、海川に降ってこのコリを取るのがきまりであった。宮ゴモリを春秋の行楽の一つと思っている土地の人たちは、むろんこのような難行苦行はしないが、切なる祈願のある者は今でもよくこのコリをかいている。ことに村内に重病の人がある場合には、親族知友が合同して勢祈禱《せいぎとう》または千垢離《せんごり》というミソギをした。すなわち都会地などに行なわるるお百度の一つ前の形で、多数の念力を集めて神の御助けを得ようという計画なのである。越後の雪深い冬の祭にも、精進屋の作業の中心としてこれを行なう例があった。後にはこれを青年訓練の方法と見、また念仏の信仰と結びつけた精進屋もある。東京などの寒参りもその遺風であって、今では深川の不動様へ参る者ばかり多いようだが、それでもなお口には[32]六根清浄《ろっこんしょうじょう》を唱えて走るのは、つまりはいっさいの穢れの原因を防衛し得たということすなわちミソギをした清い身をもって、祭を奉仕しますという意味に他ならぬのであった。

一〇

水をもって身を清めた上でないと、神様の前に近づくことができぬという古来の約束は、社頭の石の手水鉢《ちょうずばち》となって今も残っている。しかし今日はそれをただ見て通る人が多く、柄杓《ひしゃく》が添えてあって百グラムとは水がすくえない。ちょっと口を濯《すす》ぎ手を拭くだけしか用意をしてないのが普通であるが、以前は詣《もう》でるほどの人はことごとくここで水を浴びたのである。村々の御社にも堀を引き池を湛《たた》えて、そのための設備がしてあった痕跡はまだ見られる。ことに霊山の登路には必ずそのための川の流れがあり、これを精進川というものが多い。誰でも知っている手近の例は、富士山の須走口《すばしりぐち》などで、今の登山口の橋からすぐ下流に、いわゆる垢離場《こりば》があって、しかもここを使わぬ人ばかりが、あることも知らずに通っている。このごろ聴いた話では、熊野大島の樫野《かしの》村などは信心深い土地で、氏神の御社地は霊域であり、一人でも履物《はきもの》をはいたままで参詣する者などはないそうだが、この御宮の山の麓に、幅三尺ほどの清い流れがあり、ここで必ず手と口とを洗ってから登ることは、内宮《ないくう》の五十鈴《いすず》川も同じであって、村ではその小流れをジゲノ川と呼んでいる。ジゲは地下と書き人民居住地の意に使われる。すなわちこれが神と人との境の線で、ミソギをせぬ者が越えることを許されぬ関門なのである。他の地方の御社でも多くは同じような水の流れを控えているのだが、設備は昔のままでも、人の利用方法は世とともに改まっている。

あるいはこの神社の前の流れを、シオイ川という地方が鹿児島県大隅などにはある。シオイという言葉は西日本に弘く行なわれているが、土地ごとに少しずつ内容が違う。九州の多くの海岸ことに島々では、潮水を汲んで家を浄めまた身を清めることがシオイで、そのためにオシオイタゴまたは清め桶というものを備え、それを手に下げて毎朝もしくは月の三日、海端に出て潮を汲みに来たり、家の周囲に振り散らして神を拝んでいる光景はよく見かける。ところが福岡博多からその付近の村々は、シオイ桶の代わりにシオイ箱という箱を戸の口に下げておき、これへある一定の浜に出て、潮干の時の清い砂を取って来ておき、やはり同じ用途にふり散らすのみか、海女《あま》などは水に潜る前に拝をしてこれを海面に撒《ま》くという。島根県の海岸一帯には、潮水を汲む風もあるが、また同時に海近い神社の社頭にも、オシオイ石という平石があって、これは潮水を汲んで来る代わりに、潮に浸っていた藻葉の一房を手に持って社に参り、それをこの石の上に置いて来るのである。この三とおりのシオイの中で、どれが最も古い形かは容易に見わけられる。シオイというのは本来潮をもって清めることなので、汲むから潮井であろうと思う人も多いが、このイはやはり忌籠りの忌らしいのである。中国から東の方は、西国のように盛んでないが、やはり熊野その他に今もって潮汲みの風はあり、また常の月にはそうしなくとも、いよいよ例祭が近づくとこれを始め、または頭屋《とうや》に指定せられた家だけがこれをする。五里三里と離れた内陸の村からも、祭のしたくとして海へ出て潮を汲み、その際には必ず垢離をかくというところもある。どちらが主でどちらが従であるかはわからぬが、コリにもカクといい、潮を汲むこともシオカキというから、二つは関係があるので、ことによると沖縄でいうシオケリも、同じ言葉の変化かもしれない。

遠州の山住《やまずみ》神社などは、海から十数里も離れた奥山郷であるが、それでも祭には御潮取りに天竜川の下流、今では二俣《ふたまた》のあたりまで行って川の水を汲んでいる。ここまでは海の潮が通うものと見たのかと思う。隠岐《おき》の島ではシオタガとチャトタガ（茶湯桶）とを区別し、神祭にはぜひとも潮桶に潮を汲み、仏事には必ず淡水をもって参ることにして、これを茶湯桶と呼んでいる。長門《ながと》の見島《みしま》などではタテシオと称して、海が荒れて潮を汲むことのできぬ日の神事には、水に真塩をまじえて用いるという。これらの例を見れば、祭に必ず海の水を使わねばならぬしきたりがあったので、すなわち潮水そのものの力を認めているのかと思う。東京で今も見らるる盛り塩や塩花は、どうやらある職業の家だけに限らるるようになったが、これはこの階級が妙に古い形を守るからで、春の初市の吉例のあきないに、若塩売りが出る土地がまだあるのと同様に、ほんの偶然なる末端の保存かと思われる。

一一

いかなる信仰でも、解説者が中に立って時代との調和を講じ、その理論化に耳を傾ける者が多くなると、その本筋はかえって最初の形からは遠ざかり、さしもに神々しい日向[33]の檍《あわぎ》が原の御物語が、ただ祝詞《のりと》の言葉として伝え誦せられるだけになり、もとはその文句を唱える度数の数取りにすぎなかった玉串を、オハライの名をもって尊重するまでになってしまった。しかも一方にはその教理の外にあって、自由に変化していくものは統御する能《あた》わず、これもいつの間にか狭斜の巷《ちまた》の、門の敷石の一つまみの塩にまで改まってきたのである。国民がみずから学ばなかったら、こういう二つのものが根源は一つであることを、覚りまた省みる機会は来ないであろうし、そうすれば再びまた荒々しい独断論が相闘諍《とうそう》して、結局素朴にして透徹した古人の心に、共鳴し得ることが困難になるばかりである。古今万巻の神道伝書類を精読して、公平なる批判を下すことも一手段であろうが、私たちはむしろ自然に移り動き、しかも今までは全く歯牙《しが》に掛けられなかったものを、跡づけ比べていくことを近路と見ている。この方にはある二、三の卓越した人の、我執というものがないからである。そうして多数凡俗の群の、歩みそうな方角へしか歩んでいないからである。

キリスト教の方でも、いわゆるバプテスマ[34]が近代の歴史研究によって、もう一度古式に復ろうとしていることは、我々のミソギとよく似ている。しかし問題は必ずしも形式の古今でない。古いものが正しくまた有効であるかとは思うが、そう決する前にまず考えてみなければならぬことは、そんなら何がゆえにその古い方式が永く続かず、よかれ悪しかれ次々の変化を受けずにはいなかったかという点である。花が日を経て萎《しお》れ香がおのずから燼《じん》するように、時がそうさせたという考え方もあろう。ただその時に働いたさまざまの力のうちで、あるものは遠く弱々しく、またあるものは痛切であり積極的であって、避けまたは免れることのできぬものが、あったことは認めなければならぬ。人の願いと悦《よろこ》びとが、元は単純でありおそろいであって、容易に一つの神の一度の祭に協同し得たものが、しだいに分かれ分かれになってきた傾きは、全国を通じて現れてきている。同じ御社の一年の祭の度数が、まず一般に多くなってきたようにも思われる。その次にはいでて他の地の大小の祭に仕えること、これは国内の交通が盛んになれば、当然にそうならずにはおらぬわけで、それも各自の経験が区々になるに伴うて、末には祭とも名づけ難いほどの、随時の物詣でばかり多く、日本は世界にも珍しい、気ままな巡礼の国になっているのである。こういう個人の頻々《ひんぴん》たる臨時祭に、精進の準備のなし遂げ難いことはわかっている。今でも出羽《でわ》の三山の行者などは、自分たちのみで忌みに籠《こも》るというが、物忌みは元来群の雰囲気によって支持せらるべきものであった。しかも一方には新たなる生計の累《わずら》いが多くなって、総員がその信仰上の義務に服し難く、村に頭屋の制を設けたと同じように、家々にも若い男女の一人を選定して、もっぱら神役に当たらしめるひとり精進という風習も、越後や伊豆大島などにあった。いわゆる講中の組織のごときも、また一つの近世日本の特色であって、人が一生の間に必ず一度、この大切な役目を果たすように企てられたものと思うが、組が小さければ力が弱く、大きくなればまた輪番に洩れて、ついにその体験をせずにしまう者が多くなる。つまり我々は祭のありがたく、精進の大事なことをよく知っているうちから、自分らのみはおりがなくて、だんだんとこの行事から遠ざかっていったのである。これにはもちろんそういう任務を専業とする者の、進出ということも考えなければならぬが、少なくとも彼らの数の激増だけは、物忌み衰退の原因ではなくて、むしろその結果であったかと私は思っている。応仁乱後の戦国時代から、急に盛んになったという代参・代願・代垢離の風俗は、たしかに神職や修験の地位を重要にした大きな力ではあろうが、これを促したものはただ平和なる交通の杜絶《とぜつ》であって、人が遠くの神々に禱《いの》り、または御礼申しの参拝を企てるということは、もうそのずっと前から普通になっていた。信心はすでに個人の事業となり、物忌みもまた公共の利害と、交渉のないものとなりかかっていたのである。孤立した各郷土の信仰が、これによって半ば解体しつつも、同時に一方にはこれに代わって、もっと大きな全国的の統合が現れてきたことも、驚嘆に値する国民精神の一致ではあるが、そういう激変の数百年を重ねて、なお以前の祭と物忌みとの方式を、幽《かす》かながらも持ち伝えている土地が、何か所となく国内にあるというのも、これに劣らぬくらいに昔なつかしくまた嬉しい事実である。今日はこの信仰上の遠心力とも名づくべきものを、少しも計算に入れない学説が、建てては崩《くず》されているのである。そうして民間の多くの信仰現象が、常に神道の説明の外に置かれている。この様子ではいつの世になっても、国民は自分の問題としてこれを考えることができないであろう。

神幸と神態

一

今までに述べてきたのは、「日本の祭」の輪廓または外景とも名づくべきもので、始めには祭の季節期日時刻とその時代変化を説き、第二段には祭の用意したく、すなわち木を立てて祭の庭を標示し、また一定の神域の極度の清浄を保障すること、第三段には祭の奉仕者の資格もしくは要件、すなわち精進して斎忌《さいき》の法則に遵《したが》わぬ者は、絶対に神に近づくことを許されなかったことまでを、一とおりお話したつもりでいる。そうするとその次には、いったいどういうことをするのが祭であるか。普通に神事と称《とな》えているものの内容は何であるか。それがどのくらいまで区々になっているか。またどれだけまでは全国古今にわたって一致しているか、ということを考えてみなければならぬのだが、これに先だってなお一つ、祭場すなわち祭の庭には、いかなるところを選定するかという問題がある。これと祭の行事とは、明らかに二つの別な問題でなければならぬのだが、不思議に我邦《わがくに》の現代の祭礼では、これが結び合って一つのもののようになっている。その原因はたぶん神の御降りということがだんだんと不明になると同時に、それを遊幸《ゆうこう》と解する考え方が、世と共に重要になってきたからであろうと私は思っている。

式と行列とは最初から、関係のあったものに相違ない、ヤソ教の祭典にもやはり小規模ながらプロセッションは見られる。もともと儀式は足を使うものが多く、したがって空間を必要とし、またその行事が細かく立会人が多くなれば、順序をまちがいなく守るためにも、行列を作らずにはいられなかったであろう。葬式でも嫁入りでも、また軍隊の行進でも、行列の起こりは一つであったと思われる。ただ日本ではそれに加うるに、我々の信仰の特殊性が、異常にこれを発達せしめて、それが今日では祭の大小の差別となり、行列のないのがただのマツリ、いわゆる祭礼は必ず行列を伴うというふうに、一応はきめてしまってもいいようになったのである。こういう差別がもしも昔からあったのならば、あるいは我々の固有信仰には、最初から二とおりの起源があると言うべきであろうが、私などの見るところでは、これは皆中期以後の著しい片よりであって、根本の一致点がこれによって、いくぶんか蔽《おお》われ埋もれているだけなのかと思う。

二

この事情を説明するにも、マツリの中心すなわち心の入れどころが、本来はどこにあり、また次々にどう移動したかを、まず考えてみなければならない。民俗学の研究方法としては、資料を最も身に近いものから採ることを主眼にしている。すなわち何人の耳目にも触れやすく、さして手数を掛けずにその存在が証明し得られるものから、論拠を得ようとしている。今でも毎年少なくとも一度はくり返され、見よう知ろうと思えば一年だけ待っていればよいもの、ちょうど植物学者が花なり実なりで、草や木の性質を説こうとするのと、同じようなところを狙っている。そういう中でも今まではついうっかりと、観察してみようともしなかったような平凡な事実に、特に我々は期待を置いているのである。私たちが目下数多く集めてみようとしているのは、やや奇妙な言葉だが祭の通称または俗名、すなわち人がその祭を話題にするたびに使っている名前、これが全国にわたっておもしろいほど数多く、またかわったものがいろいろある。もとより通称はその祭の要点を言い尽くしているとは限らぬが、とにかくに外部に向かってよく知られていて、その名前を言えばすぐに思い出すのだから、一つの特徴ということだけはできる。社殿の内陣において少数の神職や氏子総代らが、執り行なっているような手続きは、むしろ自然の秘密ともなっているが、他の多数者の参加している行事だけは、必ずこの名称が代表している。中には外からの見物のひやかしや悪評に基づくものもあるようだが、必ずしも関係者の是認せず、もしくは聴けば不快に感ずるというものばかりではない。中には内外相応じて、皆がこの覚えやすい呼び方に一致し、ただ公文書の上にのみ、別のおもただしい名が認められるというものも多いだけである。

この祭の通称なるものを見渡すと、これも前に言った物忌みの列挙式と同じに、ただ多くの特徴のうちの最も目に立つ一つ、他所《よそ》の祭とかわっている点に力を入れて、これに伴う他のいくつかは見落とすのが常であるが、この名によって素人《しろうと》の目の着けどころがおおよそはわかり、それがまた各地はなはだしくまちまちになっているのである。たとえば三河で評判のテンテコ祭、能登《のと》の七尾でチャンチキヤマ、京都東北郊の赤山明神のサンヤレ祭、安芸厳島《あきいつくしま》の御社でいうチンチリビッ、長崎の諏訪《すわ》様のコッコデショウ、その他これに類する多数の名称は、いずれもその祭礼が行列に力を入れ、それにくり返される囃《はや》し声または掛け声が、いつまでも耳に残り、何人も容易にこの一語によって、この日の全体の雰囲気を思い浮かべることができる。そうかと思うと他の一方には、ほとんどこれという変わったことはなくて、ただ物を食べることが主になっており、ここのはほんの食い祭だなどというものもあるが、これにもまたいろいろの、一度耳にしたら忘れられない名がある。というわけはその一つの食物が、多くはまた神供にもなっていて、それに説明のできない古い由緒があるからである。東京の近くでは府中の大国魂《おおくにたま》神社の初夏のスモモ祭、いつからいい始めたことか、また神様に供えているかどうかは知らぬが、とにかくこの日は今でもその李《すもも》の実が売られている。大和ではエソという魚を売りに来るころの祭が多く、ほとんどきまって祭にはこの魚を食べるので、エソ祭という名も方々で耳にする。もっと普通なのは鮨祭甘酒祭、または芋煮の神事、これらは秋の祭のころの最も得やすい食物だが、やはり祭の名となった土地では、分量も豊富にこしらえ、またどんなことがあっても省くことをしない。東北地方を始めとして、田舎にはかなり素朴に過ぎた食物を祭の日に限って今も調整し、中には生活風習が改まってもうこの日にしか見られないというのもある。下総《しもうさ》小御門《こみかど》神社の蓼《たで》の酢もその一つらしく、秋田県北部にはシオデ祭だの、シルクサ祭だのというのもある。そうかと思うと料理法の古式を存し、しかも材料のもう得にくくなった鯰《なまず》祭だの、鱧切《はもきり》祭だのという例も若干はあって、少なくとも祭に奉仕する人々だけは、神供と同じものの分配に与《あず》かっているので、それが珍しい食物となればなるほど、いよいよそういう名称が伝わりかつ改め難くなるのである。

三

自分はこの種の祭の名称を、すでに数百というぐらいも集めている。それらを類別し排列してみれば、おおよそ日本の祭がいかなる行事に、力を入れるものだったかはうかがわれるわけだが、一々の説明に時を費やすのも惜しいから、ただこういう簡便な手がかりもあるということだけにしておくのである。ただこのついでに一つ話してみたいのは、右に掲げた両端の特徴、すなわち行列の囃《はや》しと家々の中での食物と、二つの慣行によって名を得たもの以外、さらにその中間には火祭とか、田植え祭とか、あるいは的射祭・玉取り祭・鬼追い祭とかいうように、その日祭場の前で行なわるる数々のかわった行事を、記念する名称が非常に多く、しかもどの一つでもこの御社ばかりというものはなく、近い郡村では他に類がなくとも、全国のどこかには、かなり似通うているものが捜し出されるということである。日本の祭の通念を得たいと思う者にとって、この錯綜した事実はそもそも何を意味するのであろうか。一つの府県や地方だけについて見ると、名称は元来他所《よそ》と異なる点に拠《よ》っているのだから、最初に感ずるのはただ始末のつかぬ不統一、数百千の御社が肩を並べて、おのおの勝手次第なことをして、それを祭礼または祭と呼んでいるようにも見える。はたしてそのとおりに昔から、千差万別なものが日本の祭であったろうか。これがまず問題にならざるを得ぬのである。そのようなことがもしあり得ないとするならば、現在はすでにことごとく最初の形を改めてしまっているか、ただしはまたある定まった範囲までは古今を一貫していて、それが次々の新たなる付加、ないしは力の入れどころ、外界の評判の向かうところに応じて、特別に発達しているために、勢いありふれた部分を埋没させることになったものかのいずれかである。これを見究《みきわ》めるためにも我々は、比較の区域を拡げていかなければならぬ。

祭の特徴の著しく外に出ている点は、決して前に挙げた両端と中間と、三つの段階だけに限られていない。細かく観察するならばこの中にも、なおいくとおりもの差等が気づかれる。しかもこういうさまざまの祭を通じて、どこにも必ず見られるという形または行事が実はあるのである。まず第一に祭を営むという以上、どんなに行列や催しものに力瘤《ちからこぶ》を入れている御社でも、神供すなわち神の召し上り物は何も進《まい》らせぬというものなどは一つもない。次にはその神供をお勧め申す間、御燈明を上げずにいるという御社もおそらく絶対にあるまい。私などの深く感じているのは、よその国々の他の宗教は知らず、日本の祭において神々をおもてなし申す方式だけは、人が最上級の賓客を迎えた場合と、完全によく似ていることである。すなわち食事の時刻ともなれば、酒と食物とを力の許す限り清らかに調理して供するのみか、少しでも永くその楽しみを続けたまうように、ありとあらゆる手段を尽くすのであった。現代は一般に夜が明るくなったゆえに目に立たぬが、神のお食事の時刻は座上にも庭上にも、常の日に何倍するほどの火を焚《た》く。昔は他の照明方法がなかったから、それがすべて篝火《かがりび》であり炬火《たいまつ》であったのが、後おいおいに油の火または蠟《ろう》燭《そく》となっただけである。満月の夜ごろを祭の日とした動機も同じかったかもしれぬが、篝の火にはさらにあたりを煖《あたた》かにする力もあって、早春晩秋にはそれがまた一つの款待《かんたい》の方法にもなったと思われる。この薪《まき》の火の燃え盛るのをながめながら酒宴をするのは、昔の人たちの大きな歓《よろこ》びであったので、神々もまたこれを賞《め》でたまうべしと、単純に推測したらしいのである。だから祭の中にも御火焼きを中心としたように見えるものが、冬の祭には多かった。私たちの郷里ではこれをサイトウといった。中古の神道者には柴燈護摩《さいとうごま》などの説もあるから、たぶんこれに基づいた新語であろうが、それ以前に何といったかは知られていない。本来はただ単なる饗宴の設備にすぎなかったのを、後にはこれを祭の中心と見るようになって、新たな解説をつけ加えたり、一方にはしだいに大げさな柱松明などを立てたりすることになったのかと思う。富士の北麓の吉田御社にも、信州戸隠《とがくし》にもこの火祭があって有名である。羽黒山の歳夜祭などもこれを特徴としている。その火を二つにして火勢や煙の方向等によって年を占う風は方々にある。その中で盆の柱松だけが、亡者の供養のように夙《はや》くから解せられ、正月十五日のいわゆる左義長は、禁中では陰陽師の管理に帰し、民間では今は全く少年の携わる行事となって、神の供物もなおざりになりかけているが、本来は二つともに、火焚きという点に力を入れた村々家々の祭であった。そうして年占いの目的がこの火焚きに伴うのも、次に述べようとする理由によって、私はきわめて自然のことだと思っている。

四

その次に日本の祭に最も例の多いのは、趣向をさまざまにかえた庭上の催しものであるが、最もまた貴賓款待の大切な手段であったことは、中世の文芸記録にいくつともなく証拠がある。伊豆の奥野の狩倉に、源氏の若君を招請して酒宴を催し、お慰みに相撲《すもう》をとってお目にかけたという。曾我《そが》の物語なども、うそではあろうがあの時代の常識であった。神来臨の日にもまたそれをせずにはいられなかったのである。それをまた余念もなく看《み》て楽しんだ人々が、神様も同じように悦《よろこ》んで御盃を重ねたまうべしと類推したことは、なつかしい素朴な考え方であった。法楽と称して下手《へた》くそな連歌の座を社頭に開いた心持ちも、どうやらこの方面から説明がつくようである。昼のうちでないと催せない芸は、神の御宴の時刻を早めてもしたが、他の多くのものは夜に入ってからでも、昼のように篝火を焚いて続けていくのを例としていた。たとえば綱曳《つなひき》などは小正月や盆の月、または八月の満月の下でも行なわれた。鶏合《とりあわ》せとか牛の突き合いという類は、選手が動物で夜は働けないゆえに、御旅所御到着の即刻からも始め、その日中の行事がおいおいと多くなると、またいちだんとこれが饗宴の余興だということに、気づかぬ者を多くしたかもしれぬ。

こういう中にも日本人の趣味の現れ、すなわち我邦《わがくに》が久しい間、武を尚《とうと》んだ国なるがゆえに、いつのころからとも知れず最も盛んに行なわれたのは、弓と馬との競技であった。ことに御弓の神事・御的射の式というものは、今でも地方によっては祭と不可分のもののごとく考えられている。流鏑馬《やぶさめ》・笠掛・犬追物という類の、騎馬を利用するものはよほど貴族的で、乗馬を飼いこれに乗ってあるくだけの土豪でないと出演もできぬのだが、これを見て悦ぶ者は中産以下の者にも多かったので、神社の力が少し大きくなれば、なんとかしてこれを恒例の行事に取り入れようとし、武士たちもまたその日の晴れを目あてに、練習を励んだようである。けれどもこれは入費も多く、領主大名の保護がなくては続かぬので、明治以後はよほど衰えてその数も少なくなっている。これに対して一般農民の間には、歩射すなわち「かち弓」が普通であり、この方がたぶん一時代古くからのものと思われるが、これも共々に今は衰えかかっている。関東その他の旧《ふる》い御社の祭の名に、備射祭《びしゃ》だの奉謝祭などと書くものも、元は騎射に対する歩射の祭であった。それが今日は意味不明になり、なお型ばかりの弓射の行事があるので、シャとは射ることだろうぐらいにしか思っていない。その技術は練習の不足によって下手になり、またおもしろくなっている。千葉茨城の二県などで、春の始めのオビシャという集会のごときは、今日はもはや弓を射る式ですらもない。日待ちといってもよく、宮籠りと見ても差しつかえないような、ただの飲み食いの集まりで、それも順番頭屋《とうや》がめいめいの自宅を使うので、後には女ビシャなどという女だけの会合さえ起こり、祭だか何だか知らぬ人も多くなろうとしている。しかしこれから西の方へ出て行くと、今もまだ型ばかりは祭に弓射る土地が多い。その方式には二とおりあって、一つはただ的に射中《いあ》てることを主にしたもので、その的には鬼という字を描くものがまれでない。昔神様の御威徳によって、鬼を退治したという言い伝えを、形に現して毎年くり返すのだというものもあれば、または村人一同の願いが貫くようにという心持ちだというものもあって、この方は鬼の字をかく代わりに、金的銀的などというのを設けて、それを射あてた者を表彰したりしている。江戸にもこの風が元はあったものか、大当たりという語はよく用いられ、または当たり矢と称して的の中央を箭《や》で射貫いた形を、いろいろの模様に使ったのが、つい近ごろまで下町では見られた。

次の今一つの的射の行事というのは競技である。同じ御社の祭に仕える者の中で、部落または家筋によって組を分かち、おのおの代表の選手を出して成績を競わしめ、当たりの多少をもって勝負をきめるもので、古くは朝廷でも新春の射礼の他に別に日をかえて賭弓（ノリユミ）の式があり、この方にはかけものすなわち賞品が出たので、出演者にも見衆にもこの方が興味が多かったようである。起原はあるいは後だったろうが、一方がとかく形式に流れやすいに反して、この方は実地の腕くらべだから力が入り、見物の中にも自然にひいきができる。社殿の正座でこの技を御覧になる神様も、たぶんは同様であろうと推量したものか、この祭の日の競技に勝った方の組が、その一年は万事仕合わせがよいと言って、射手の少年に練習を励ましめたのみか、なお数日も前から頭屋同様に、精進潔斎をさせるところが多く、その精進をまた「射手ごもり」とも呼んでいる。組内の面々は申すに及ばず、遠くの親類までが応援に出る花を贈る。すむとお祝いに酒宴を開く例も宮崎県などにはあるといい、それまではなくとも一般の大きな興奮であった。瀬戸内海沿岸から九州の広い区域にかけて、的射または百手祭（モモテマツリ）などというのが、この第二種の弓の行事であった。二本が一手だからもとは二百本の箭《や》を、多くの組の者が出て射たのであろう。

五

我が国在来の運動競技は、ほとんどその全部がこの種祭の日の催しに始まっている。後に相撲や競馬のように、信仰行事の外に出てしまったものもあるが、その痕跡はなお幽《かす》かに、たとえば角力《すもう》場の太鼓やボンデン、さてはトウザイトウザイの言葉などにも見いださるるのみか、他の一方にはまた各地の小さな御社の祭の行事として、やや零落した姿で残留している。私などの生まれた村の宮相撲では、乾魚みたような痩《や》せた子供までが土俵に立った。そうして一人残らず花をもらったことを覚えている。その季節が正月とか盆とかの日ときまっていたのも、必ずしもその日が休みだからというだけでなく、別に由来のあったことは証明し得られる。今日すでに禁止せられているハマという遊戯なども、近世はただ児童のすさびとして流行したが、かつてはまた神の御いつくしみの何方に厚いかを卜《ぼく》するがために、競馬や綱曳《つなひき》と同じように、春の始めに御社の前の馬場で、または二つの部落の境の辻《つじ》などで行なわれたらしく、今も浜射場という地名が全国にわたって、何百というほども残っている。単に小児の遊戯の場所としてでは、地名までできるのは少し大げさに過ぎるように思う。印地打ちという石合戦の遊びが、中世久しい間行なわれていたことは、いろいろの記録に見えているが、これもただの思いつきのものではなかったことは、日本では五月節供の日に限られ、古くはまた四月二十二日の行事であったのを見てもわかる。朝鮮にもこれがまだ残っていて、おもに正月十五日の行事として伝わっている。男の児《こ》の初正月の祝い物に、いわゆる破魔弓とぶりぶりというものを贈る風を見ても、本来はこの競技の、男の子として一度は勤めなければならぬ祭の役だったことが想像せられる。

有名な御社の春祭としてこれが伝わっているのは、三河豊橋の神明社の正月十五日の榎玉《くすだま》神事、これはその勝ち負けによってカン地フク地、すなわち畠場と田どころとの二つの部落の、どちらがその年の仕合わせがよいかを、占う方法に供せられたと言われる。球の取り合いを中心にした競技は、玉取り祭または玉せせりの神事と称して、ことに北九州の諸社には多く行なわれている。こういう利害の感を離れてもなお愉快な遊戯が、実は神様の後援によって克《か》つと考えられ、しかもそれが一年間の神の御好意の表われのごとくにも解せられていたのである。これに携わる人々の勝負に熱中し、永くその楽しみを忘れなかったのも無理はない。

　我々はもう気がつかずにいるが、多くの競技の昂奮《こうふん》の中には、今もまだ世界共通の心理学だけでは、解釈し得ない部分があるかと思う。前年この文学部の学友会でも、「膂力《りょりょく》[35]と信仰」という話をして、この点を考えてみたことがあるが、我々の競技の勝負の岐《わか》れ目を、全部が全部計算して出すことができるとは誰も思ってはいない。煎《せん》じつめていくとチャンスすなわち隠れたる外の力、人が詩人風に運命の神のほほえみなどと言わんとするものを、我々日本人は氏神の御ほほえみと感じていた時代があり、またその考え方は今も少しは続いているのである。今日贔屓《ひいき》とか応援とかいうものが、まだ痛切にその必要を認められているのも、やはり同じ一種の宗教的共感の延長であるのかもしれない。戦に勝つということに、銃後の力という無形の支持を欠くべからずとするのも必ずしも由来のない民衆心理ではないようである。

六

これにつけ加えて考えてみるべきことがなお一つある。我邦《わがくに》の神々には、何かこういう単純なる方式をもって、御自分の御心持ちを信ずる人々に覚らせんとしたまう思し召しがあるということを、昔の人たちはかなり固く信じていた。そうして年に一度の祭の日の御くつろぎは、その神意を伺うべき最もよい機会とも考えられていたようである。日々是好日などと支那の人はいっているが、我々は外来の陰陽五行説を知るよりも前から、すでに一年のうちにも好い日と悪い日とがあることを考え、節供正月等の昔から定まった日の他に、毎年くり返さるる祭の日というものも、神のお示しくだされた「生日《いくひ》の足日《たるひ》」だと信じていた。その日に行なうことには皆正しい効果があると共に、その日に承わった仰せ言は特にまちがいがない。だから一年間の計画は、できる限り祭の日に定めかつこれを守ろうとしたのである。そういう中でも秋は成就の時、安らかに一回の生産が完了したことを御礼申すのが主であったが、春はこれに反して問題の最も多い季節であった。前に説いたようないろいろの年占いの式は、言わばこの未定の不安を信頼と覚悟とに取り替えるための行事であった。いわゆる年占いの種類は土地の慣例によって、この以外にもなお数々あった。最も簡単なものは世ためしの神事というもので、これにも水のためし氷のためし飯のためし、また炭置きの神事というのもある。東北あたりの農民が小正月の宵《よい》に、今も家々に行なうところの豆占いや胡桃《くるみ》占いというのは、まず囲炉裏《いろり》の清い火を掻《か》きならして、豆や栗胡桃のようなものをその上に十二並べ、これをその年の十二月に配当して、主として一年の天候を伺うのである。白く灰になるのはその月は晴れ多く、黒くなるのは雨、ふうと吹くのは風の多い月と見るのである。月々の天候がだいたいにこれでわかれば、それに応じて作物の種下ろし時をかげんし、また品種や数量もきめられたのである。あるいはまた筒粥《つつがゆ》管粥《くだがゆ》の神事と称して、その神社の祭の日に行なう年占いもこれと似ている。これは葦《あし》とか小竹とかを管に切って、月の数よりももっと多く、一つ二つの作物や早晩種の名を書きつけたものを、その祭の日の粥《かゆ》の釜《かま》に入れて共に煮るので、管の中につまった穀粒の多少を見て、その年その作物のできのよしあしを察するのである。関西では大阪府下河内《かわち》の枚岡《ひらおか》神社の粥占いがことに著名であり、東京四周の村々などへは、群馬県の榛名《はるな》神社の筒粥の成績が、印刷して配布せられるようだが、なお他の官国幣社の春の始めの祭にも、現在この方式を続けておられるものが、五つや六つではきかないのである。私が意味深く感じていることは、これと全く同じ方法の年占いを村ごとに、今でも本家というような家々で行のうていることで、中部地方から東北へかけては、やはり正月十五日の前の晩、または節分か大晦日《おおみそか》の晩に、家々独自にこれを試みている。隣どうしで結果が違った場合はどうするかと思うようであるが、実のところ現在はそう重きを置いておらぬので、これを唯一のたよりとした時代には、大きな中心があってそこばかりでこの年占いをしたのであった。昔の大家族制がゆるんで、家が夫婦と子三人というような小さなものになると、第一にこんな管や筒が入れられるほどの大きな釜で、正月の粥を煮てはいない。それで近ごろはほんのしるしばかりに、いわゆるケェカキボウ（粥掻棒）を釜の中に入れて粥を掻きまわし、またはただその一端の十文字の割れ目に儀式の粥を少し塗り付けて、めでたいめでたいと神棚に上げておいて、いよいよ田植え月に入ると、その棒を苗代の水口に立てるだけになったのである。一年各月の天候の好し悪しまでが、前から定まっていてそれを神々が御承知だろうと思うのは、今日と比べるとはるかに広汎な信仰であった。しかもその神慮が各人の常の日の生活と、切り離すことのできない指導力であったことは、これからでも明らかにし得るのである。祭が凡下のあらゆる家庭の存立と、深い関係をもっていたことは、後世の敬神思想よりも何倍か痛切なものがあったのである。ことに稲米は皇室の供御、そうして同時に土地ごとの神々の供物であり、また神を祀る人々がその期間、正式にたまわるところの食物であった。それゆえにその収穫の豊凶に心を費やさずにはいられない者が、政治家以外にも実は非常に多数だったのである。

競馬という競技が祭の催しものとなった起こりも、単なる甲乙の技能の比較という以上に、右の筒粥と同じような大きな代表的利害からではないかと私は思っている。そう思うわけは、晴れを禱《いの》るには赤い馬、雨を祈るには黒の馬を、朝廷から大和の古い御社へ、お牽《ひ》かせになったという歴史からでも説かれる。中世以後の記録には、諸社のお祭に神馬十列を進ぜられたことがよく見えている。十列はすなわち十頭の馬らしいから、一年の月の数には二つ足らぬのだが、これは私は正月二月以外の各月を代表したものかと思う。やはりいろいろの毛の色をまじえ、その到着する順々を見て、月々の天候を予知しようとするのが、最初の目的ではなかったろうか。とにかくに現在でも地方の古い御社で、五月田植えの始まるころの祭に、馬駆けという行事の行なわれたところでは、その馬には普通は人が乗っていなかった。賀茂の競べ馬なども本来は馬を競べる式だったかと思われ、その騎手はあるがこれを乗尻と呼んでいる。最初にはたぶん騎術の競技ではなく、無心の馬どもが神意のままに、黒赤前後して馳《は》せ進む状をもって年占いとしたので、注目すべき点は人よりも馬にあり、かりに三月が算《かぞ》え始めとすれば、三番目の五月を代表する馬が、赤だったら憂い黒だったら喜んだ名残《なごり》ではないかと思う。記録を詳しく調べたらこの私の想像の誤りか否かを確かめる道はあると思う。とにかくに祭に仕える人々の興味の中心は移った。そうしてそれにつれて祭の態様の、少しずつ変わらずにはいなかったことは、決して神輿の装飾美術だけではなかったのである。我々はあらゆる方法をもって、その本の形を探らねばならぬのである。

七

この変遷は、近世特に急激であったというのみで、その以前とても少しずつ目に立たぬ推移があったことと思うが、それを片端から明らかにしていくまでに、今日の研究はまだ進んでいない。その中でも私たちが深い関心を寄せていながらも、ほとんど手をつけることができずにいる問題は、右に列挙したようなやや単純なる占い法以外に、もっと重要な一家一門一社会の大事件について、神の啓示を承わる方式が、後々どういうふうに改まって今日のごとき状況に達したかということである。そのような方式は以前の世にもなかったのだと、言うことは決してできない。宇佐八幡宮の神勅の話は特に有名であるが、それ以外にも国家の憂患あるごとに、神様が人間の口をかりて、最も具体的に予告または指導をなされた例は、列挙することも難いほど古い記録には多く見えている。それが後にはだんだんと間遠になり、少なくとも神社とは関係のない現象のように、なってきた原因はどこにあるだろうか。単に民衆がそれを信じなくなった結果とは言えない。民衆は今でもかなりよく神霊の語を信じている。ただそれが名ある御社の仕え人の口からは出ずに、しばしば司法警察で取り締まられるような、婆やよた者の媒介を経ているものが多い点が違うのである。どうしてまた、そのような中心の移動が起こらねばならなかったか。こういう学問上の大切な疑問は、むろんそう手軽には考えられるものでない。答えられなければいつまでも、抱《かか》えて温めていればよいというのが、今までの私の流儀ではあるが、それではまた講義としてあまりに頼りない。そうしてまたこうではあるまいかというくらいの、見当は私にもついているのである。諸君はうっかりそれを丸呑《まるのみ》に信じてはいけないという警告つきで、御参考までに一とおりここで話しておきたいと思う。

第一に考えられるのは、神の託宣に臨時と定期との二種があったことである。氏子になんらの予期もないときに、突如として奇瑞《きずい》[36]が現れて神霊の御言葉を聴くということは、絶大なる印象には相違ないが、それは何かよくよくの福運または災害の起こる際で、それを承わって急いで臨時の祭に取りかかったにしても、それは多くの場合に定まった祭の日以外の日の出来事であったろう。これに対して一方の定期の託宣は、もちろん十分な心構えをもって待ち迎えてはいるが、それがたいていは平穏無事の日であるゆえに、目を見張るような感動の大きな御言葉はなく、それも年と共に形式化してしまって、ついには他のさまざまの祭の行事の中に、紛れ込んでいったのではなかろうか。見方によっては祭の奉仕者の能力の退歩、または神霊に憑《よ》られやすい素質の萎縮《いしゆく》ということも言われようが、もともと祭の日において伝えられる神の仰せ言には、夙《はや》くから定まった形ができかかっていたのである。沖縄では毎年の農作祭に、祝女が高く唱えるオタカベという祈願の詞《ことば》のほかに、別に定まったミセセリと称する唱えごとがあった。前者は人から神への陳述なるに対して、この方は神から人への交通の御言葉であったかと思われるが、今日は島々の司祭者たちまでが、もうこの二つの区別を意識せずまた解説することもできぬ。大和の中つ国に古くから伝わっている祝詞《のりと》の中にも、よく見るとこのミセセリすなわち神語に該当する部分があって、一つの祭文の中に両者融合してしまっているらしいと折口氏は言っておられるが、自分は古文辞に精《くわ》しくないので、まだこれを拾い出すだけの力がない。

それから第二にはこれもやや似たる分類だが、託宣には人が伺いを立ててからお答えになるものと、こちらは全く思いもかけぬときに、進んであなたより御告げになるものとがあることも考えられる。神々の氏人らは、いでて他処《よそ》の神を拝もうとする者とは違って、最初から強い信頼をもっていた。何かぜひとも自分たちの早く知らなければならぬことは、年ごろのゆかりとよしみとをもって、神様がお知らせくださるものと思って安心していた。それが平和の日が永く続いて、そうした異常の啓示も間遠になると、これを承わる聡明《そうめい》さは、おのずから普通の奉仕者の能力の外になり、別に一方にはそういうことに得意な者の専門的活躍が始まって、独自の立脚地を神社以外にもつことになるのである。もっともそういう専門の仲介者自身にも、氏神の御社はあり、その祀り方には若干の特殊性があったろうと思うが、始終村の外にばかり出あるいているために、だんだんとその御社との縁は薄くなる。ましてやその社独自の教理を発達させて、よその御社の信仰行事を感化するまでの力はないので、自然と行動の範囲を口寄せの職分だけに限るようになり、ここに祭典の式を掌《つかさど》る者と対立しまたは分裂して、終《つい》に今見るごとき二流れの、神に仕える役目を併存せしめる結果になったものらしい。官府に公認せられた神職の立場から言えば、一方は淫祀邪道《いんしじゃどう》というより他はないような、些《すこ》しも理解せられない別派にはなっていても、なお一般民衆の側からは、特にそれほど著しい境目があるものとも、元は見られていなかったように思われる。少なくとも明治初年の力強い禁令が出るまでは、いわゆる巫女《みこ》修験《しゅげん》の輩《やから》もまた、一種境遇の異なった祭の奉仕者には相違なかった。彼らの地元神職とちがう点は、しばしば新しい神を迎え入れんとし、かつ託宣すなわち神の御告げに重きを置きすぎることであったが、それはわずかばかり時代をさかのぼると、全国いずれの地方にも見られた現象であって、必ずしもこの人たち限りの特徴でもなかったように思われる。

八

古くからの書いたものを見ても、また近ごろの実例に徴《しる》しても、いでて新たに祭をうけたまう神々ほど霊託は盛んであった。そうしてまた小さな神々ほど、盛んに人に憑《よ》りもしくは憤りを示される。タタリという言葉は、本来ただ示現という意味でしかなかったと思われるにもかかわらず、今日は特に災害を下したまう場合のみをそういうようになっている。人がまだ十分に新たな神の御力を体験し得なかったということが、祟《たた》りの必要を促していたのであった。年月を重ねて奉仕するうちには自然に何の仰せ言を聴かずとも、定まった祭を定めのままに続けていけばよいと思うようになって、いつとなく託宣に遠ざかったのである。土地と久しい縁故のある神様は、御自身もまた古い約束に信頼しきっておられたかと思われて、通俗の語で言えば一般にひどくおうようで、めったにこの臨時自発的の託宣はせられなかったのみか、さらに新たに他処《よそ》の神々の、来たってその霊異を示されることを容認し、または誘導なされたことさえある。神はただ一つということを力説している諸外国の学者らには、おそらく理解することのできない寄宮（ヨリミヤ）相殿（アイドノ）、行逢祭と称する共同の祭式、あるいは末社と名づけて一つの御社の境内に、名ある多くの大社の神々を勧請《かんじょう》してあることなどは、日本の信仰の一つの特色であり、したがってまた我々を外にしては、その原因を究《きわ》め得る者はない。私は必ずしもこのような複合状態が、国の最初から備わったものとは思っておらず、むしろその反対に個々の氏族が、おのおの単一の祖神のみを祀っていた時代を想像しているのだが、とにかくに近代の現実は明らかにこうなっている。我々は村の氏神うぶすなの神の御心に些《すこ》しも逆《さか》らうことなくして、一時に他の多くの神々を巡拝し、また迎えて我が土地に祀ることができたのである。これは言うまでもなく一つの時代変遷であって、結局はその原因を新旧文化の折り合い、またはこれに動かされた農民心理のはたらきに尋ね求むべきものであろうが、とにかくに我々の固有信仰の中にも、この変遷を可能ならしめるだけの条件が、夙《つと》に具《そな》わっていたことは認めぬわけにいかない。そうしてその条件の一つとして、現在我々の心づいているものは、神の御言葉を人間の推理よりもいちだんと正しく、また力強いものと考えきたった習わしが、その最も大いなる一つである。近世はすでにはなはだしく衰えているけれども、もとは託宣が非常に重要な仕事をしていた。そうして託宣はこれに携わる者の意思をもって、たやすく左右し得べきものでなかったことはもちろんであるが、それでもなお暗々裡にはこれを掌る人々の上に、時代と社会環境と、また神道学者の学説との影響が働かずにはいなかったのである。

九

神の新たなる示現は世と共にしだいにまれになり、または少なくともその勧請《かんじょう》の方式は改まってきたが、しかし古くからの村々の神社の祭にも、第二の定期の託宣の方だけは全く絶えたのでなかった。これを祭の特色として世に知られている例も若干はある。人を神がかりにする方式は区々で、後にはいろいろの催眠術風のものも採用せられているが、古くからあったかと思う一つは湯立てというものである。あるいはこれを問湯（トイユ）という土地さえあって、何か疑惑の、神意によらなければ決し難いと思うものの起こった場合、祭の庭に大きな釜を据え火を焚《た》き湯を沸かして、神の御力をたたえ申すのである。現在はもう行なわなくなっている御社でも、拝殿の中央を一部分土間にして、そこにこの湯釜を置いた痕跡を留めたものが多い。九州東海岸で私の聞いたのは、今でも年々の祭にこの釜の湯を立てている。たいていは他所《よそ》から専門の祝（ホウリ）、方言でホッドンという人を頼んで来て、笹《ささ》の枝を手に持って釜の湯を四辺に振りそそがしめる。満座の人々の晴《はれ》衣《ぎ》もホッドンの浄衣も、皆しっとりと濡れとおるまで湯をそそぐのは、一種湯垢離《ゆごり》とも名づくべき光景であって、これを掛けられた者はなんとも言われぬ厳粛な気持ちになるというが、行事は普通にはただこれまでで、まだ神の託言を語りだすような異常状態にはならぬようである。しかし以前はこの方法のくり返しによって、巫祝《ふしゆく》がみずからにまたは傍にいるある一人に神を憑《よ》らしめて、人間の言葉を透して神の御答えを受けようとしたことは、湯立てをもって御告げを聴いたという数々の昔語り、またはこの神の御口寄せの任に当たる者を、ササハタキと呼ぶ地方があるのを見てもわかる。つまりこの笹はいわゆる幣束と同じに、神の力の表示であり、これを釜の湯に浸して振りそそぐことが、神の仰せを聴けという指令の形でもあったらしいのである。ところがその結果ばかりは、人の力をもって招きいたすことができない。これだけの手続きを尽くしてもなお託宣の下らぬ場合がだんだんと多くなってきた。それで後世には備中吉備津《びっちゆうきびつ》の宮の釜のごとく、ただ鳴り音の高さや調子をもって吉凶を卜《ぼく》したり、または煮え湯の中へ手をさし入れても、ちっとも熱くない奇瑞《きずい》を証するに止め、ないしはただの儀式として年に一度釜の湯を焚くことだけを続けるようになったのである。このごろ人のよく見に行く三河北設楽《きたしだら》郡の花祭に、湯たぶさという一種の手草を手に執って、湯釜の周囲をまわる舞がある。見物の衆までがこの時は口をそろえてタァフレ・タフレと囃《はや》すことになっているが、このタフレはあるいは物狂いを意味するタフ（オ）ルまたはタクラフ（ウ）という動詞の、命令形ではないかと私は想像している。しかもこのようにはやし立てても、現在ではもう神々の御言葉は聴かれない。つまり近代人はおいおいと、古い方式によっては動かされなくなってきたのである。

このいわゆる問湯の効果、すなわち人を神憑きにする作用を促進するためには、普通には音楽が用いられ、またはやや単調なる神をたたえる詞が連唱せられた。今でも信心深い人々の間に行なわれる千度祓《はら》い、もしくは六根清浄、謹上再拝やトオカミエミタミの願いも、文言それ自身に本来の意義があったのではなく、目的はむしろその熱烈なるくり返しをもって、速《すみや》かに神霊の出現を見ようとするにあったので、それゆえに満座の奉仕者が皆浄く、所定の物忌みを誤りなく守っていることを宣言して、神の降下を切望したのだろうと私だけは思っている。あるいは御社によっては神歌というものを高く唱えていたものもある。

よりまさば今よりまさねさはら木のさはらの枝にさはりぐまなく
あづまより今ぞよります長浜や葦毛《あしげ》の駒《こま》にたづなゆりかけ

などという神歌は、今も東西各地の祭に多く伝わっているが、これをくり返した趣旨は、全く神のよりましを待っている間の、楽しみとあくがれとの他の何ものでもなかった。あ

るいはこれをもう一歩進めて、

神ならばゆらりさらりと降りたまへいかなる神が物耻ぢはする

というような、少し率直に過ぎたる激励の歌さえ元はあったが、聴く人が第一にこの古い言葉を理解せずに歌っているぐらいだから、効果の期せられなかったのもぜひないことである。

一〇

神舞という伎芸の世と共に盛んになってきたのも、あるいはこういう側面から説明し得るかもしれぬ。私は舞と踊との二つの流れについて、だいぶ久しい前から人とは少し変わった意見を抱いている。簡単な語でいうと、踊は行動であり、舞は行動を副産物とした歌または「かたりごと」である。踊は外国でもかなりよく発達しているが、舞の方はどうも西洋にはないようだ。あるのかも知らぬが私はまだこれがそうだというものに出逢《であ》っていない。というわけは舞の起こりは詞曲にあったからである。口のわざが始めにあって、それに連れて動きまたは「しかた」をする。いわゆるジェスチュアは第二次の発生だったからである。私の考えでは、舞は神祭の信仰上の現象であったように思う。本来は「たたえごと」と称して神様の大きな力、無始の昔からの里人との因縁、必要ある場合にはいつでも出現なされて、尊《とうと》い啓示をたまわることを、一同が牢《かた》く信じて少しも疑っておりませぬという意味などを、熱心をこめてくり返して語っているうちに、自然に恍惚《こうこつ》として人か神かの境に、入って行くのが最初の舞であって、こう手をさしこう足を踏むという型が定まってしまったのは、次々の変化であろうと私は思うのである。「わざおぎ」という言葉はいわゆる芝居の意味に、今も風雅の人々は使っているが、ワザの所業であり行動でありまた技術であることは知っていても、オギが招くを意味することは解し得ない人が多い。私の見るところでは、ワザによって神をオグすなわち招くというのが、この名称の由《よ》って来たるところであった。あるいは経験の結果として、始めから歌詞に伴う舞の形を案じてかかったものもあったろうが、その経験を得るためにも、まず我々は神と共に、この「たたえ言」の尊さに動かされなければならなかった。空にこのような舞の形のみを、案じ出すということは想像し得られぬからである。すなわち最初にあったものは言葉のあやまたは力で、舞はむしろその直接の効果、今一歩を進めて言うならば、これによっていよいよ神の依《よ》られんとする状態が、本来は舞というものの姿ではなかったかとも思っている。

　しかるに村々の神舞は型にはまり元を忘れ、どうしてこのように一つところをくるくると廻るのかを、もはや説明することができなくなっているが、能の舞などにはまだ昔の痕跡を残している。能のシテという舞人は大部分が神、そうでなければ精霊、そうでなければ物狂いと呼ばれて、人か神かの境に立つ者であって、いわゆる神気が副《そ》うた人でなければ、唱えられぬような言葉を今でもなお口誦《こうしょう》している。それを「おもしろう狂うて見せ候へ」などと、おもしろいという語をもって形容したのも、本来は一つの信仰現象に他ならぬからであった。後代除々として感覚の内容が推し移り、終《つい》におもしろということが祭を離れて存続しまた発達することになったけれども、なおその強烈なる印象の根源するところは、我邦《わがくに》でならば辿《たど》り尋ねて行くことができるようである。多くの昔語り、すなわち神秘なる古代人の生活伝承が、歴史の最も大切な部面として我々を動かすのも、本来は神を信じた人々のきわめて真摯《しんし》なる礼讃だからであった。たとえば人間に災禍をもたらす鬼どもの退治、その鬼は後世狒々《ひひ》となり大蛇となりまたは山賊とも変わっているが、今なお文芸の一趣向として、大衆小説の中にまで続いているのは、言わば我々の遠い親たちの空想の遺産だからではなかったか。あるいは清い少女を悪魔の厄難から救い出す話、後にそれを娶《めと》って人間の最もすぐれたる英雄を生ましめた話、その他いやしくもローマンスを愛する人々のいつでも胸にえがくことのできるいくつかの物語は、試みにその水源にさかのぼってみれば、一つとして神に属しなかったものはないのである。しかも最初にはじめてその不思議な出来事を教えたまいしは神であったとしても、これを燦爛《さんらん》たる近世の演奏にまで持って来たのは、すべて我々人間の力であった。

諸君は時あって芸術の宗教的起原ということを、考えてみられるおりがあろうが、それを教えようとする人はたいていはヘレニストである。大昔ギリシアでこのようなことがあったということを請け合ってもらって、そうでございますかと言っているだけでは、合いの子とすらも言えない西洋かぶれである。向こうもそうだそうなが日本にも同じことがある。だいたい人の心というものは民族の差を超越して、同じように展開する可能性があるのではないか、というところまではせめて漕ぎつけなければならないと思うがどんなものだろうか。ただしこんなことまでを論ずるのは、私の講義の領分の外である。私の言おうと思っていた点は、今ある文芸の多くの趣向には、最初祭の日の「たたえごと」に始まり、人が自然の昂奮を表示した舞の手の仲介を通して、永く国民の間に伝わったものが、あるらしいということだけである。年々の祭を機会として神の御心を和め、いよいよその幸いを民人の上に垂れたまうを期するには、ただ抽象的に神徳の高く尊いことを、くり返しているだけでは足りない。あなたは大昔、こういうこともなされたというではありませんか。こういう言い伝えも手前どもは記憶しておりますということを説く以上に、さらにまたこういう大きな願いも、あなた様ならばお聴き届けくださる。もしくはそれが我々の遠い祖先との、堅い御約束であったと心得ておりますという程度までの物語を、最も慎み深い言葉をもって恐る恐る、神の御機嫌のもっともうるわしいと思う時を測って、述べ立てることが許されていた。それが感極まって起《た》って舞うまでに、身に沁み肝《きも》に銘じて敬聴せられたということを、今は想い起こすおりが少なくなっているのである。神と人間との間が昔は近く、世が進むとともにだんだんと遠くなるということは、これを具体的に言えば祭の態度が、以前は今よりもいちだんと、貴賓を款待《かんたい》する場合に類似していたということで、これだけならば何も古代を探らずとも、現在田舎の隅々にまだ活きている老翁の感覚からでも、これをうかがい知ることができそうなものである。

一一

春の始めに多くの御社において、今でも行なわれている田植え祭また田遊びというのは、私の分類からいうと舞ではない。一種の「わざおぎ」ではあるが手足のわざを主とし、これを東北地方で田植え踊といっている方がむしろあたっている。たとえば庭の雪に畝《うね》を立てて、松葉を稲の苗に見立てて栽《う》える。または人が牛になって餅製の鋤《すき》をもって田をすくまねをする。こういうのには田歌があっても、それが演奏の一部として入ってくるだけで、ちょうど盆踊のはずんだ時に、クドキが入ってくるのとよく似ている。東京の近くでは板橋の向こうの赤塚徳丸などに行なわれた田遊びの実況は、『四神地名録』という書にも詳しく出ているが、役者の割り当てがあって純然たる芝居であった。今は横浜市に編入せられた旧都築《つづき》郡杉山神社の田遊びなども、たしか『神社便覧』という本にその日の歌だけが出ているが、御社の庭を田に見立てて代《しろ》を掻《か》き苗を植えて、そのあとで雀《すずめ》・烏《からす》・鷺《さぎ》・鼴鼠《もぐら》、さては螻蛄《けら》・田螺《たにし》・泥鰌《どじょう》などの、いっさいの田を害する動物を逐《お》い、さらに進んでは家々のよくしゃべる女どもの、内証喰いをする悪い癖までを、このついでに追いはらおうとするので、それはそれは念入りな所作であった。こういうことを村共同の氏神の御社に祭の日の行事として行なう土地があるかと思うと、他の一方東北や北陸地方には、正月十五日の前の晩、家々においてこのとおりのことをして、それを皐月《さつき》とも田植えとも呼んでいる例がある。あるいは少年男女が早乙女《さおとめ》とか小苗打ちとか名のって、大家の門口へ来て田植えのまねをして、餅《もち》や銭《ぜに》をもらっていくような習わしもある。今日はただの慰みで笑って見ているだけになってはいるが、それでもまだ正月にはこれをやらせてみないと、なんだか物足らずまたは不安を感ずる人が、古い家には残っており、主人が諸君のような新しい教育を受けた人になった機会に、たいていは中止せられるのを常とする。

この種の行事は外形が呪法とよく似ているが、そう思ってこれを観《み》ている者は私たちの仲間にはない。遠く起原を尋ねたら、あるいは信仰よりも一つ古いものかもしれぬが、とにかくに現在はすべて神祭の日の「わざおぎ」であり、人と共にこれを見そなわす正月の神様も、なるほどこういうことを皆の者は望んでいるのかと、お気づきなされるようにという趣意であったことが察せられる。しかも一方ではこのわざが巧みになり、またおかしみが添えば添うほど、これを祭の式から引き離して、一つの遊芸として鑑賞したくなる者が、多くなってくる傾向もいなむことはできない。ことに大きな御社の祭の日に、外から見物に来る人々などは皆その方で、それをまた予期している行事の当事者、ことに御田植えなどよりももっと手のかかる御旅所への行列のごときは、だんだんと祭の目的とは縁の薄い舞や踊に、年ごとに新たな趣向を凝らし、目先をかえて人をあっと言わせることに、骨折るようになってくるのである。中世京都の著名な祭では、この珍しい趣向を立てた催しを風流（フリュウ）と呼んでいた。そうしてその風流は際限もなく進展して、終《つい》に今見るような驚くべき外形の差異を来たしたのである。神が祭場に御降りなされるという「わざおぎ」が、最初からこのような形であった気づかいはない。だから私などは見物の衆も来ず、誰に見られているという予想もない島や山間の村の祭の方が、少なくともより古い形を多く残していると推測するのである。

一二

これも南の島々の例であるが、沖縄では今から二百年足らず前の記録にも、神女がある一つの静かな海の入り江に降って、紅の狭霧の中に水浴びをなされたのを見たということを信じて記している。袋中《たいちゅう》和尚の『琉球神道記』の中には、何年かに一度、世の中の最も平穏なる時に、神がある霊山の頂上に降りたまい、それから除々と歩んで王宮の庭に来て、傘《かさ》を立てて御遊びなされる習わしがあったことを、詳しく述べているのは実見かと思われる。今からわずか二十年前に、自分が訪れた奄美《あまみ》大島《おおしま》南部の村でも、神は祭の日に白い馬に乗って、神山の麓《ふもと》の殿屋に御入りになるということを、まだ信じている人があった。あるいは祭の日には同じ霊地の奥で、誰も鳴らすはずはないのに鉦《しょう》の音が高く響くということを、内地から移住している人までが疑わずに私に話してくれた。ところがそれとほとんど同じころに、『山原《やんばる》の土俗』という本の著者などは、国頭《くにがみ》郡のある御嶽に登って、大きな平石の下に匿《かく》された三箇の鉦を発見している。それは神に奉仕する祝女《のろ》のみの管理するもので、村人でも男たちには絶対の秘密であったので、後をつけて来た老婆にうんと叱られたということを書いている。またある海岸の村の出来事としては、海神の祭の日に、神が舟に乗ろうとせられるのを望み見たある青年が、走って行って抱き留めてみたところが、それは自分の母親であったという話さえ伝わっている。この島々では女性のみが祭を掌《つかさど》り、式のいっさいを男子には知らしめなかったために、神は女の形を仮《か》りて出現したまうという信仰が、このように近いころまで、こわれずに伝わっていたので、男女のちがいはあるがこの事情は、ニュウ・ヘブリーズの島のズクズクなどという行事ともやや似ている。しかるに日本の本州の方では、女性のこの特権が夙《はや》く失われたために、もうこのような信仰は見られなくなったが、それでもなお近いころまで、神が原則として女に憑《よ》りたまうこと、およびその巫女《みこ》が神の御語を伝えるということは、これを信じて疑わぬ人が多かった。あるいはまた少年をもって神の尸童（ヨリマシ）とすること、これは南の島々にはないことのようだが、本州の方には古くからその例がある。一つ物と称して花の枝・菅《かや》の茎または山鳥の羽などを身に帯びた一人の童子が、馬に乗って行列の中央に行くのを、定まった期間、神と同じに尊《とうと》みかしずいていた。信州諏訪その他の祭では、近世はこれを殿様と呼び、したがってその練行を大名行列などということになっているが、その殿様を饗宴の正座に請《しょう》じ、土上に足を触れしめぬようにしているのは、元は神実（カミザネ）と見ていた証拠であろう。土佐のある社の祭で大行事と称した子供の役なども、やはりその祭の続く間だけは神であった。白粉《おしろい》をもってその童子の額の上にあるしるしを描くと、その瞬間からいわゆる催眠状態に入り、馬に扶《たす》け乗せられて祭場に到着する。祭終わってその白粉を洗い落とせば、たちまち正気に復するとも伝えられていた。現在の尸童《よりまし》はいずれも無言で、ただ祭の式に臨むだけであるゆえに、いつになくその重要性を失ってきているが、一方には中世以前の多くの記録にも、また近世の民間の記憶にも、こういう幼稚な者が突如として、神の御言葉を口にして、周囲の人々を驚かしたという話が、いくらともなく伝わっているのである。これと一本の串や柱または生木を立てて、そこに尊神の来臨を感ずるものとは、外形においてはすでに著しい差異があるのだが、ただ外形ばかりから信仰の真相を知ろうとするようなことは、心ある者ならば外国人でもあえてせぬであろう。しかも今日まではかえって同胞国民の間に、その一々の事物について、煩わしい講説を試みようとする類の、奇妙な学風が盛んだったのである。そういうことをするゆえに議論ばかり多く、印象は複雑また稀薄となり、祭に伴う国固有の感覚は、いよいよ片隅に押しやられることになった。改めて再び祭の中心はどこにあるか、何が最も主要なる事務であったかを、できるだけ単純に考えてみなければならぬゆえんである。祭と「まつりごと」の一致を信ずるには、まず祭の本来の形を明らかにする必要がある。そうしてこれを明らかにする方法は、比較の他にはあるまいと思う。すなわち第一には都鄙《とゆう》大小の祭に共通している点を見いだすこと、第二にはその相互の差を見つけて、その差の由《よ》って来たるところを考えること、第三には外形異なる各地の行事の中から、何か隠れたる連絡と共通点とを探り出すこと、この三つは私たちの久しく心がけていることで、共にまだ完成にははなはだほど遠いが、少なくともその希望だけは、今でも諸君に向かってこれを説くことができるのである。

供物と神主

一

今日マツリの総称の中に入れられるいっさいの信仰行事を通じて、必ず備わっている要件、そうして日本以外の民族にあってはしばしば欠けている要件は二つある。その一つはミテグラを立てること、もう一つは必ず食物をお進め申すことである。そういう中でも前者はいろいろと名が改まり、また形もあまりに変化していて、御幣玉串笏《しゃく》や扇子などと、これが一つのものだと言い切るには、多少の論証を要するに反して、他の一方の御饌《みけ》供進《ぐしん》だけは、気のつかぬ者は一人もないほど、またはそれがあたりまえだと思うほど、著しい全国の共通点となっている。あるいはマツルとは飲食物をさし上げることだと思っている人さえあるかもしれぬ。もちろんこの間にも単純簡略なものから、至って込み入った重々しいものまで、いくつかの階段があって、その端と端とを突き合わせて、同じでないと言い張られるほどの隙間はある。たとえば正月に山に若木を迎え、泉に若水を迎えに行くときに、人が携えていくのも御供物なのだが、日本も西半分だけは御散供《おさんぐ》と称して、洗い米を白紙に包んで持って行き、そのまま供えもすればまた打ちまきにするところもあり、土地によってはその代わりに蜜柑《みかん》などを供える風習もできている。ところが関東地方から東北は一帯に、同じ場合に餅《もち》を持参し、それを山の神様なり清水の神様なりに上げる。ことに奥羽《おうう》の各地ではその餅を、山祭の場合にはヌサカケと称して、一種の藁苞《わらづと》に挟んで樹の枝に懸け、ロウロウとかシナイシナイとかいって、山の烏《からす》を喚《よ》んでそれを食べさせるが、清水の神様には普通その丸餅を半分に割って、一方を水桶の中に入れて持ち返り、他の半分を水の底に沈め、または井の脇に置いて来る。それを子供らが、または後から汲みに行った者が、竹で刺して取っていき、その代わりに自分の餅の半分を上げて来るのである。これを水の餅といって特別の力があると信じ、凍らせて干して貯えておいて、六月朔日《ついたち》になって出していただくのが今いう氷餅の起こりだったようで、これを歯固めと名づけて食べると歯が丈夫になるといい、あるいは咬《か》み砕いて手足に塗りつけると虫除けになるともいった。現在はすでにこれを一種の餅貯蔵法のごとくに考え、または正月の水手桶の飾りのように見ている地方もできているが、幸いにしてその水の餅を半分にして持ちかえるというところがまだ多いので、こんな子供らしい一つの年中行事の中にすら、なお直会（ナオライ）というものの本の心持ちがうかがわれる。すなわち清水を民に与えたまう尊い神が、半ばを召し上がったその同じ餅なるがゆえに、残りの半分にも人を丈夫にし、もしくは虫蛇の害を防ぐほどの、大きな効果が備わると、元は考えられていたらしいのである。

二

それからまた一方の、山の神の餅を鳥に持ち去らしめ、または若水迎えの餅を少年が後からまわって刺して返るというのも、単なる慰みでなかったことが、他の例との比較によって推測し得られる。神が現実に我々のささぐる食物を召し上がることを、もとは日本人はいろいろの方法によって、確かめようとしていたのである。熱田《あつた》や厳島《いつくしま》のごとき古い大きな御社にも、神供の霊鳥によって、啄《ついば》み行かれる形を見届けようとする祭式が今でもある。小さい里々の類例までを算《かぞ》えるならば、十指を屈しても足らぬほどに多い。それをトリバミの神事またはオトグイの祭などと呼ぶことが、どの地方に行っても話題になっている。大隅《おおすみ》の百引《もびき》村などのは、これをミサキドン祭といって、日は四月の八日になっているが、餅を藁苞《わらづと》に包んで高い枝に懸けることは、東北の正月四日のヌサカケも同じである。ミサキドンはこの土地では三光鳥《さんこうちょう》のことだというそうだが、それが出て来て食わぬ年があると、それを凶兆として怖《おそ》れる点は、他の遠くの土地とも一致する。東日本でも茨城から福島県の海岸地方にかけては、鳥をオミサキオミサキといって喚《よ》び、この初山の日の餅を与えている。オミサキの信仰は弘《ひろ》く分布し、またいろいろと変化していて、中には人に祟《たた》るような霊だけをそういう例もあるが、語の起こりはやはり先鋒のミサキであって、神の御使わしめとして神慮を代表する者という意であろう。その中でもいちばん多いミサキは烏と狐で、常は嫌われ憎まれる動物なるがゆえに、この日出現する者だけは、かえって特別なようにも考えていたのであろう。実際また不思議なほどよく人の悪意なきことを知って、この日だけはいっこう人を怖れずに近づくといっている。

あるいは少年たちが烏の啼《な》き声をまねて、祭の日の神供をもらいに来る風もある。兵庫県蘆屋《あしや》の烏塚などもその一例で、これはすでに百数十年前の『摂陽群談《せつようぐんだん》』にも見えている。もとは小児が烏の身ぶりをして、正月の供え物をもらって食べたのであったが、現在はただ口々に、

カァカァカァ
山の神のさいでん棒

と唱えつつ、水車納屋などを巡《めぐ》って米をもらい集め、自分で団子をこしらえて烏塚へ供えに行くことになっている。それを一同の者も食べることはもちろんであろう。同じ県の姫路市付近のある村でも、氏神社の秋祭の日、神供と同じ飯でお握《にぎ》りを多く作り、これを参詣の児童に分かち与えるのを、今でもカラスノママといっている。愛知県渥美半島の亀山村の鎮守の祭などは、俗にカァカァ祭とも呼ばれ、これも少年組が皆烏のまねをして、参詣の人々の持って来る供え物を、片端からもらって食べるのだそうである。

そうかと思うとここからそう遠くない静岡県西部の村々では、オコンコンサマというのが同じような子供行事であった。あるいはこれをまたオシャガミという郡もあるが、双方ともに霜月十五日の地神の祭の日で、やはり彼らが狐のまねをして、御供え物の赤飯や大《だい》根膾《こんなます》などをもらって食べるのである。オシャガミというのは、越後では山の神をそういう例もあるから、あるいはこの日の祭を享《う》けたまう神の名か、そうでなければ「めしあがる」を意味するオスという古語と、関係のある名称だったかと思うが、子供たちは今ではこれをただしゃがむことと解して

おしゃがみおくれ
しゃがんだにおくれ

などと口々に唱えてもらいに来る。なおこの地方には正月の鉈《なた》借《が》りという行事もあり、全体に子供が何かをもらいに来る風が多いようである。

三

小児をして神に代わって饗応を受けさせるということも、諏訪の祭の大名行列その他、決して例の乏しいことではない。すなわち必ずしも烏や狐のまねをしないでも、人間の中

では子供が最もこの役に適していたのである。祭には尸《より》と称する童子を選定して正座にすえ、これを神霊の代表者として飲食を薦《すす》める例は支那にも朝鮮にも古くからあったことだというが、我邦《わがくに》でも神のヨリマシに向かって、尸童という漢字を宛てている。童児をこの任務に就《つ》かしめた風習が久しくあったのである。しかしぜひとも童児でなければならぬというわけもなかった。前年私が南会津のある旧社で目撃したのは、両親のそろった穢《けが》れのない男女が、めいめい頭の上に酒や御膳を載せて、列をなして神前に進むと、神殿の中には紅い袍《ほう》を着た神主が坐《すわ》っていて、一つ一つそれを受け取っていた。中の様子はよく見えなかったが、少なくとも器の蓋《ふた》を取って食べる形をするらしかった。現在普通の考え方では、神は飲食物の精だけをお取りになり、見たところ少しも耗《へ》ってはいなくても、その養いの力はもう抜けていると、思っている者が多いようだが、以前は現実に誰かが神に代わって食べたので、それがまた神主という言葉の由《よ》って来たるところでもあったかと思う。今でもそういう形をまだ保存しているものが、小さい御社の祭には捜したらあるだろう。

能登半島の奥の農村で、アエノコトと称する家の祭は、これまた冬の半ばの田の神への御礼申しであった。田の神はいよいよ稲作りの大事業を終えて、それぞれの耕作者の家にお還《かえ》りになる。それを饗応するのだからアエノコトとはいったものらしい。固い旧家の本家では、今でも続けてこの祭をしている。まず新しく風呂をわかして、田の神様を湯にお入れ申すといって、主人が袴《はかま》を着て御案内の役をする。神の御入浴というのは実は主人みずからが、その礼服を脱いで風呂に入ることであった。それから座敷へ御手を引いて、田の神を御連れ申し、床の正座に本膳を据えておもてなしをする。それには主人が一つ一つ、食器の蓋をとってこれは御飯、これはお膾《なます》、これはおつゆというように、大きな声でその名を言うのが例で、そのために田の神様は久しく土の中においでて、お目が見えぬのだなどと説明しているが、そういうふうに考え始めた原因は別にあるのである。これとよく似たことは恵比須《えびす》様は聾《つんぼ》だといい、または大黒《だいこく》様はお耳が悪いから、よほど近くに寄って大きな声で、「大黒様豆を摘まっしゃれ」と言わなければならぬという言い伝えで、それは一か所や二か所の珍しい例でなく、前者は上方から関東まで、後者もまた越後から東北一円に、十二月九日の大黒様のお年取りに必ず言うことである。これらも能登半島のアエノコトと同様に、祭主が神に代わってただちに食べてしまわずに、一つ一つ大きな声でその供え物の名を唱える風があったのを、いつのころよりか神はお目が悪くまたはお耳が遠いからと、解するようになった結果かと思われる。

四

今日年中行事と呼ばれている我々の家の神祭りでは、今でもその日に家の者が食べる御馳走と同じ物の初穂を上げる。というよりもむしろ神様の召し上がるのと同じ物を、神前に列坐して共々に食べるのがきまりである。この日のために特別の鍋釜や特別の膳椀《ぜんわん》があり、また常の日と変わった食品を調《ととの》えて上げるとすると、それが同時にまた人間にとっても、そういう珍しいものが食べられる日となるので、節供という名もその文字が示すごとく、基づくところはこの節日の供物にあった。それが後々はいつでも食べたい時に粽《ちまき》をこしらえたり、店屋へ買いに行けば年じゅう餅があるというようになって、晴れの膳という観念ははなはだ不明なものになったが、それでもまだ我々は突然小豆《あずき》のこわ飯などを出されると、きょうは何だったかと訊《き》きたくなるような気持ちだけはもっている。祭日と食物との深い結びつきは、丸っきり断絶してしまってもいないのである。ただ現在は一般に公けの祭だけが、神に御供え申す品物と、同じ時刻に人々の食べるものとを、二つ全く別々にしているので、著しくこの民間年中行事の信仰上の意義を、稀薄にしてしまったことは争えないのである。

しかし今日のような過渡期には、まだこの双方の中間段階がいくらでも、尋ねてみようと思えば見られる。たとえば一方にはおもだたしき官国幣社の大祭にも、御供屋《ごくうや》水屋の中での調理があって、神様が即座に御箸をおつけなさるような食物をさし上げ、その供進の残りを奉仕者が共々に、いただく例はいくらでもあると同時に、他の一方の家々の年中行事でも、その際は必ず神を祀り、まずその節日の供物を神にまいらせて後、さて一同も同じ膳につくという風習がまだまだ多い。盆のいわゆるホトケ祭などもその一つの場合なのだが、これは仏法の支配のように思っている人がもう多いから、わざと問題にせずにおく。

正月に至ってはこれがどうしてめでたいのか、どうしてこの日をイワウのかということを、考えずにいるということはまちがっている。神棚に御燈明も上げず、御供え餅も供えずに、ただおめでとうといっているのは実はおかしいくらいのものである。それでもまだ全国の半ば以上、ことに農村の古くからある家では、歳神《とし》様歳徳様または正月様ともいう神を、歳棚または拝み松の上に祀っており、その神様にはいわいの飲食物の、すべての初穂を上げずにはいないのである。佐渡の海府の入り込んだ村里などでは、この行事を神やしないと称し、正月年男の最も大切な役目は、この神やしないをすることだといっている。神やしないなどというと、なんだか非常に失礼な言葉づかいのようにも聴こえるか知らぬが、それはむしろヤシナウという動詞の用途が制限せられて、妻子とか眷族《けんぞく》とかに食を給する場合だけを、言うようになった結果に他ならぬ。信州の北半分でも、正月だけにはまだこの語の古い用法が伝わっている。それで年神門神などの松に、藁《わら》を曲げてこしらえた椀形の食器を一つずつつけて、これをオヤスともヤセツボともいっている。あるいはまたヤスノゴキというところもあるが、いずれも皆神を養いたてまつる器物ということである。他の地方でも伊勢の南端、伊豆の島々または東京近くの農村にもこれが見られ、その名はツボケとかゴキとか結び皿とかいうだけになっているが、正月に年男が毎日の式の食物を、清い箸をもって少しずつ、その中へ入れてまわる風だけは一様である。すなわちまた門松という一つの木をもって祭場を標示している神々に、正月のオヤシナイをすることは同じである。門松というものの起原についても都会にはまた新しい別の解釈もできているが、田舎ではこれを御松様と敬語でよび、春の境になって必ず一定の方角から、お迎え申すというのが多いから、本来はまた一つの神の御座であった。詳しくは私の集めた『歳時習俗語彙《ごい》』に列挙してあるから、ここではもう述べないことにする。

五

今一つの例として挙げ得るのは、冬の始めにまた年の暮れによって、営むところの恵比須講である。商家でもこれを大きな楽しみの日としていたが、やはり正座には神を祀っていた。百姓えびす講は旧暦十月の二十日が多い。講とはいうけれども実は家々のいわい日であって、元の起こりは能登半島のアエノコトと同様に、やはり農神の祭だったようである。他の土地たとえば北陸や奥羽《おうう》で、田の神・作の神として伝えていることを、九州四国の農村では大黒様といい、中部地方などは恵比寿大黒、また関東ではただ恵比須様ともいうので、いつの世からそのような名が始まったかは推測に難くもない。とにかくにこの日にも祭があり定まった食品があって、それを家一同がたまわる前に、最初の一人前を神酒《みき》と共に、神様に供えるのである。注意すべき一つの特徴には、この日の神の御供え物だけはエビス膳といって、折敷《おしき》の板の杢目《もくめ》を竪《たて》にしてすえる慣例のあることである。自分の故郷播州中部などではソウバ膳といっているが、常の日には非常に嫌われることで、いつも私たちはやかましくなおされたものであった。ところが恵比須様に上げる膳のみは、わざと膳の木理を縦にしたので、それでこういう名が行なわれているものと思われる。越後の刈羽《かりわ》郡などでは、恵比須様以外の神々にもまた寺方の御供えにもこれをするというが、その他の地方にもこれに近いことがあるかどうか。またソウバ膳という言葉にも何かの暗示があるのではないかどうか。気をつけて見ていたいと思う。あるいは神様に限ってすることとなるがゆえに、常人の常の日には忌み畏れてしなかったのを、後にはまた悪いことのように思い始めたのではないか。しかもこれただ一つの点を除いては、全然人の食べるのと同じ形の食器で同じ物を供えるのが、特にこのいわゆる恵比須講の作法でもあった。遠州浜松付近の農村の生活を記述した中道君の報告の中に、この地方の恵比須講では、家の者もこの同じ膳に坐って、まず神様の箸を取られるのを待っている。餅や汁の椀が木器であるために、じっと耳を傾けていると、温度のかわりにつれてコトリという音がする。そうらおえびす様がめし上がったというので、一同の者が食べ始めるものだったそうである。

こういうのは誠に幽《かす》かな痕跡に相違ないが、いくら幽かでももしこれが何ものかの痕跡であったならば、いつかは必ず思い合わすようなことが、他の方面にも発見せらるるであろう。少なくとも我々の祭の日の食物は、いったん神にささげたものをおろして、後でそれを人間が食べるのではなく、同じ品を同時に、すなわち酒ならば同じ一つの甕《かめ》から、餅ならば同じ臼《うす》で一度に搗《つ》いたものを、分けてもらってすぐ後で食べるのである。しかるに今日の神職家たちの、直会《なおらい》と呼んでいるものには二とおりあって、最も大きな御社の大きな祭にも、式の進行中に神前で同じ食品をたまわるのと、祭が畢《おわ》って供物を皆下げてから、社務所などに持って行って、あとでゆっくりとちょうだいするのを、直会だといっているものとがあり、なんだか第二の方がだんだんと多くなっていくようにも思う。この二つの食事はおそらくは別々のものであって、どちらでもよろしいということはないはずであるが、現在混同しまたは区々になっているのは、何か近ごろの理由があろう。私などの見るところでは、これは飲食物の単位一体ということが、だんだんと考えられなくなったためかとも思う。ことに酒などは現在は酒造会社の巨大な桶の中に醸され、それを五升一斗と取り分けていくのだから、それを一つのものとは見にくくなったが、以前はどのような粗末な一夜酒でも、一つの場所で一つの時に、一つの定まった桶または甕の中に作り込み、その初汲みを取ってまず神にまいらせ、残りのものはその甕の底の顕《あらわ》れるまで、掬《く》んで飲むのだから神様も人も、同じ酒に酔うたということがよくわかる。餅なども現在は形を重んじ、また大きくこしらえて上げるようになったから、臼を共にするということは考えられず、これだけは共同とは言い難いようだが、以前は御粢（オシトギ）だからそう大きい鏡には取れなかった。今の餅つきでも杵《きね》に付いて飛び散る部分が多く、それを拾い集めるように臼の下に新薦《あらこも》を敷くこともあれば、またはわざと荒々しくついて、その落ちこぼれをこしらえるようにするところさえある。米を水に柔らげて、はたいて粉にしていたころはなおさらのことで、そのために毎年の神供の餅が小さくなりやすく、それを監視したり検査したりする必要もあった。出雲の北浜村で餅吟味などといったのもこれであった。その飛び散った部分はもちろん奉仕者の所得で、神様より先にそれを食べてしまうようなことはおそらくなかったであろうが、のけておいてお祭と同時にまたはその後で、食べたろうことは疑いがない。すなわちこれなども また決して「おさがり」ではなかったのである。

六

飯を神供としている場合などは、この相饗《あいあえ》の関係がかなりよくわかる。紀州で有名だった大飯《おおめし》の神事のように、多量の米の飯を炊《かし》ぐ例はおりおりあるが、こういう名を得た御宮には、途法もない大きな飯釜が備えられていて、一度に五斗六斗というほどの飯を炊いで、しかもその全部を神々に供えるのではなかった。九州の北部一帯、また近畿でも所々の御社に、御清盛りまたはオキョウサマ、文字には御経だの京の飯だのと書いているのは多くはこれで、杓子《しゃくし》を水に沾《ぬ》らしてできる限りこの御飯を高く盛り上げ、その上端を柿の実のように細く尖《とが》らせ、その尖りの欠けることを非常に警戒しているものもある。あるいはまた鉢巻結びなどといって、神様に上げる分だけは清い藁《わら》の鉢巻をさせることもあり、またはツモノケメシと称してたぶんは錘《おもり》の形に擬した三角むすびをこしらえるところもあった。つまりはこの分は神様の御料ということを、最も具体的に標示するので、この点は人生の三大機会、すなわち誕生と結婚と死亡との三つの場合に、我々のために供せられる高盛りの飯も同じに、これは心ざす方への特別の供給ということを、この異常の形式によって明確にしたもののようである。したがってこの飯を調製することは何よりも大切な役目であり、土地によってはこれは男だきの飯といって、女にはいっさい手をつけさせず、あるいは西多摩郡の檜原村《ひのはら》のように、このためには厳重なる潔斎を重ね、もし途中で女に逢《あ》うと、何度でも川の流れに引き返して、寒中に水浴をしなおすという例さえある。しかもこうして至れり尽くせりの謹慎をもって炊《た》き上げた御飯とても、決してその全部を神に進《まい》らせるというのではなかった。一部は最初から氏人の分けていただくものときまっていたのである。肥前《ひぜん》の天川村《あまがわ》などでいうオキョウモゥシは、これが祭の通称となるほどの主要行事で、時は旧十一月丑《うし》の日の収穫祭であったが、神の御清盛りを用意すると共に、さらに同じ赤飯をもってこの柿の実形をしたやや小形のものを数多く作っておき、それを参拝の人々に一つずつ分け与えると、いただいた者はそのまま家に持ち還《かえ》って、家族はもちろん飼い牛にまで、少しずつ分けて食べさせるのだそうである。東京や京都の多くの御社でも、御供(ゴクウ)と称して同じ打ち菓子などを多量に用意し、祭の日神に詣《もう》でた人たちに付与するのが例であるが、これもまた御供の卸《おろ》しを処理するのではなくして、やはり御供と同じ物を分配するのである。

この以外の、一社ごとに違っているいろいろの供物でも、古来これを一つの特色としているような祭では、やはりこの方式の分配を予期している。たとえば魚類などは丸ごと御供え申すのだから、どうしても卸しをいただくより他はないように思われるが、これにも丹波《たんば》の篠山《ささやま》に近い沢田八幡の鱧《はも》切り祭や、美濃《みの》西部の某村の鰻《うなぎ》祭などのように、奉仕者が神前で料理をして、その一部を神供とする例も多く、東京でも浅草のある真宗の寺に、鯉《こい》料理をする古式で有名なものがあるが、その原型は古く京都の御社の祭にもあると言われている。その他近畿地方においてしばしば名を聴くエソ祭・棒鱈《ぼうだら》祭・カスベ祭・鯰《なまず》祭・野菜の方でも諏訪矢が崎の御座石《ございし》神社の独活《うど》祭、甲州谷村付近の羽根子の蒟蒻《こんにやく》祭、長門《ながと》の吉《き》部《べ》八幡の芋煮神事のように、祭の日必ず神に供え申し、同時に氏子の家々でも皆たべるという食物が、いつの昔からともなくいろいろと定まっていた。それが今日のように、神様にはすべて原料のままでお目にかけるだけとなっては、たとえ古来の慣例によって、今なお村じゅうがそれを食することになっていようとも、双方にはもう連絡がなく、言わばただ一つの奇習となってしまうのである。国の祭式の統一ということは歓《よろこ》ばしいが、そのために特殊神饌《しんせん》の省みられなくなったものが多く、神と人との最も大切な接触と融和、すなわち目には見えない神秘の連鎖が、食物という身の内へ入って行くものによって、新たに補強せられるというような素朴な物の考え方が、いよいよ近代人の共鳴しがたきものになってくるのである。

七

ゆえに日本の祭の本の意を掬《く》もうと志す人々は、せめてはこのような大きな変遷があったことだけは知っていなければならぬ。それが望ましからぬ変遷であるか否か、再び古い形に復すべきものか否かを決するのは、私たちの引き受けている学問の領分ではない。がとにかくに神様に魚や野菜物の生のままを、御供え申すというようになったことは、疑いもなく相饗思想の衰微ではあった。直会《なおらい》の方式の少しずつ改まり、また土地によって区々になっているのも、その結果なのだから今はなんともいたしかたがない。全体いつのころどういう事情から、このようになってきたものか、それも改めて大いに研究してみなければならぬが、以前はそういう例のきわめてまれであったことは確かである。年々家の中に行なわるる節供の行事は、これはもう「祭」の他に置かれているのだから、違っていても不思議はないと思うかも知らぬが、頭屋《とうや》と称して順まわりに、ところの神を祀る家でも、今はまだ人の食べるのと同じ物を上げている。というよりも神のめしあがる物を人も食べている。食することを「たまわる」とも「いただく」ともいっている。御社の中で祭をする場合にも、多くの旧社には御炊屋御水屋、または御供舎という建物がついていてその中で調理している、水屋は我々の家で言えば勝手元または流しなのである。そういう屋舎の付設せられない場合には、特に指定せられてある家から、御膳をこしらえて頭の上に載せて運んで来る。その器にはユリまたはユリワというものがあって、一方には田植え時に田人に飯を餉《おく》る時にも、この楕円形の大きな盆を用いている。祭の時刻といえばちょうどいわゆるジブンドキ、すなわち夕方と朝との食事の時刻であった。すなわちそれからもう一度手数を掛けないと、とてもめしあがることのできぬ物を、さし上げる時刻ではないのである。たとえに引くのは畏《おそ》れ多いが、我々の家だってもそんな時刻になって、生魚生野菜を贈られては当惑する。少なくとも贈った人の好意が割引せられる。なぜこんな簡単なことが気づかれなかったのか、私たちにはむしろ奇異である。それでも諏訪《すわ》のお祭に鹿の頭を七十五、奈良の春日若宮には猪《いのしし》鹿兎狸《たぬき》などの数十頭を、掛けて献上した類の古い記録があるじゃないかと、いう人がたぶんあるだろうが、これはもとより神の御目を怡《よろこ》ばしめまつるべきもので、当日の御饌《みけ》の外だったのである。犠《いけにえ》には生けにえと称してまだ活《い》きているままを進《まい》らせ、その御用いの時刻方法を、神の思し召しのままにしたものもある。生けるを放たしめたまうという有名なお祭さえもできている。

このほかに今一つ、問題になってよいのは洗い米である。五穀の中でも米だけは生のままで、神に進らせる習わしは古くかららしく、これを花米またはハナエリなどいう語は全国に行なわれ、またオサングという名も弘く知られている。オサングはまたオサゴともいうが、文字に書けば御散供で、あるいはもとこれだけは供え方が別であったのかと思う。ウチマキという上品な語もまだ使っている人がある。これを御捻り（オヒネリ）と称して白紙に包んでそのままも供えるが、本来はこれが祭の最も簡略な形であって、心ざす神々の御ありかを確かめ難い場合などに、これを撒《ま》き散らすのが趣旨ではなかったろうか。これと似通うた形式は棟上《むねあ》げ祭の日の餅まき、または節分の夜の豆まきにも見られる。本来は穀物に特別の力があるように、考えていたためかとも思われて、現に米を栽培するマレー人などの中にも、この風習の盛んに行なわれていることは、[37]スキート・ブラグデン、近くは[38]宇野教授の著述によく見えている。とにかくにこれが酒にもなり、餅や飯の資料であるというだけでなく、生米もまた独立して一つの食物であり、それがまた他の四穀にはないことであった。米嚼《こめか》みという筋肉の名からもわかるように、近いころまで人がよく咬《か》んでいた。倉庫の入口に「生米咬むべからず」という貼札がしてあったのを私なども見ている。それから糄米（ヒライゴメ）・焼米・オコシ米・炒《い》り種などと、少しずつ手を掛けて食べやすくしたが、元はそのままでもずいぶん食料にしたようで、すなわちこれが昔からの神供の一つであっても少しも不思議はないのである。餅なども今のふかし米をついて作るようになるまでは、やはりまた一つの生米の食法であった。前代に餅といったのは今いう生粢（ナマシトギ）、白米を水に浸して柔らげたのを、小さな臼杵《うすきね》で砕いて粉にしたもので、煮ても焼いても食べたろうが、そのままでも食べられたのである。シトギは非常に古い言葉で、たぶん湿らせた食物ということであろう。今はオカラコと呼び、中部以西では白餅・白粉餅というところが多くなっている。必ずシトギを供えるという祭はもう少なく、あるいは棟上げ祭の時に限るようにいい（建築祭だから火にかけることをきらう）、あるいは秋冬の境の山の神祭の時だけに必ずこれを供えるともいう。今でも子供だけは後からまわってこれを食べているが、普通の成人はもう生では食べようとしなくなった。すなわち人間の食習ばかりがすでに改まって、神様がたにはまだ古い世のままのものを続けてさし上げている例がまれにはあるのである。

八

神様の供物が人間の食べ物と分かれてきた端緒は、あるいはこういうところにもあったのかもしれぬ。中世の記録にはたしかに食品であった熨蚫（ノシアワビ）や昆布、榧《かや》とか搗栗《かちぐり》とかいうものも、もうそのままでは食わぬ人が多くなった。人は世につれて自由に好みを変え、醬油とか砂糖とか胡椒《こしょう》、その他いろいろの調味品を使いながら、神様だけを元の御習わしに置き残し申すというのも相すまぬ話だが、それにもまして困ったことは、神と人と同時に同じ物を味わい楽しむという、太古以来の儀式の趣旨が、おいおいと忘れられていくことであった。これは全く祭が新たなる文化を利用した結果、だんだんとその中心を供饌《ぐせん》以外のものに移していって、大きな注意をこの点に払わなくなったためであり、さらにまた一般に祭奉仕の役目を、限られたる家または人に委ねてしまったがためであろう。

祭の奉仕者の事業化ということは、日本の神道にとっては何よりも大きな変遷であって、しかも基づくところはすこぶる古いと思われるが、幸いなことには今日はまだその推移の各段階が現存していて、明らかにその道筋を知ろうと思えば知られる。必ずしも名もない野山のつまやしろまでを比較の中に入れずとも、全国数千という官知の御社だけを見ていっても、甲から乙丙丁戊《ぼ》へと変わってきた、順序を尋ねることだけは可能である。ただ今まではそれを試みる方法がないと認められ、またそういう熱心な人もいなかった。今やその方法はすでに見いだされ、また親切に古代を考えてみようという若い人も多くなった。終《つい》にはこの変化の理法が見つからずにはいまいと思う。一つの目標としては神供調進の方式と、およびその管理と配当とが、何人の手によって行なわれるかを、見ていくということも便利であろう。祭に見物がありまた遠方からの参詣があって、神態（カミワザ）や神《み》輿渡御《こしとぎょ》のきらびやかな行事を伴うものは、付近の評判が高いのを見てもわかるように、実はその数ははなはだ限られているのである。そういう評判のある同じ御社でも、年にただ一度の大祭以外、別に何十何度と算《かぞ》えるほどの定例の祭があって、その多くは他人を交えずに、静寂の間に挙行せられている。そうしてこういう場合にも、なお一度として神に御供え物を上げない祭というものはないのである。それをどういうふうに準備しまた処理するかは、通例は土地の経済事情、または年久しい慣行と、これを守ろうとする人の数によってきまり、住民の出入りの少ないところほど、古い形や考え方が多く保存せられている。

したがって全国を見比べると、ほとんどあらゆる変遷の段階が見られる。かりに一巻の正しい神道史を書いた人がまだないとしても、この現実相こそは未だ読まれざる歴史である。現在の神社制度は、だいたいに中央の大きな御社に行なわれているものを基準として、地方の端々の区々たるものをそろえようという方針と察せられるが、実際はまだ今までの年久しい行きがかりに譲歩しなければならぬ場合が多いようである。たとえば三里五里の広い区域にわたってたった一人しか神職がおらずいくつもの御社の祠掌《ししよう》を兼務しているものがある。近畿地方などのように、神社があれば神官が必ずその片脇に住んでいる土地ばかりを見馴れた者には、なんだか物足らずまた衰微のようにも感じられるが、これは住民が協同して神を祀りあるいはその中心たる旧家の主人が、当然に祭主の任務を果たしている村で、新たにそのような専門の家を設定するだけの余地も必要もなかったもの、私らから見ればむしろ一時代古い形が残っているのである。頭屋《とうや》・一年神主などの慣行のまだ続いている土地では、村民はたいていは一度、祭の大役を勤めた者で、かいなでの若い神職よりは事務にも作法にも通暁している。外から来た者にはなかなか勤めにくく、よほど遠慮がちに介添えの役に甘んじているか、そうでなければずっと学問智能がすぐれて、いわゆる氏子総代等を引き廻すくらいの力がないとこの地位には居りにくい。それで今もなお九州でいうホッドンのような、はなはだ遠慮深い巡回神職の往来が続いているのである。

九

諸国の古くからのしきたりを見ると、ホウリといいタユウという職にも、定まった内容があるわけではない。たとえば伊豆の七島では、ホウリはもと名主の兼ねていたほどの重々しい職であって、八丈島などは後にこれを別の家に引き継いだが、それもまた世襲であった。鹿児島県の七島でも、地ボウリ本ボウリなどの名があって、家筋と年功によって当然にその人はきまったらしく、その地位は相応に高いものであった。あるいは族長の神を祀る権能ある者を、そう呼んでいたのかとも考えられる。古史の天野祝・小竹祝などのホウリも、地名を名のっていたのを見るとこれもまたその類であって、職業と言おうよりも、地位というべきものでなかったかと思う。ところが九州の南部などにおいて、現在ホイと呼びホッドンといっているのは、ただ次から次へと祭に雇われて、祭式の一部分を勤めるだけの軽い地位で、居村に専属の御社を持っておるのやらおらぬのやら、それすらも私たちは知らない。遠江《とおとうみ》の天竜川上流地方でホウジ、また周防《すおう》の大島でホウジンというのも、名だけはやはりこのホウリらしいが、これらはもういちだんと地位が低いようである。

タユウという名前もこれと同様に、先祖代々同じ御社に奉仕し、神の御血筋を引くとさえ伝えているタユウサマの家もあれば、一方にはまた九州などのホッドンのように、年に一度か二度ただ傭《やと》われて来て、祭の片端にしか参与しない大夫《たゆう》もある、ホウリが上代にあったという祝のホウリと、同じ言葉の保存であることはほぼ確かなようだが、その昔あったという祝とても、実はどういうことをしていたものかまだはっきりとしてはいない。今はただ語原論みたような推測説ばかりが行なわれている時代であり、しかも昔もやはり時と地方とのちがいがあったかもしれぬのである。これに反して、タユウが大夫であることはまず問題はなく、その文字が輸入であっただけに、はじめてこれを用いた人の心持ちはよくわかる。つまりはすぐれて貴《とうと》いおかたの御側に近づき得る者、「夫」の中でも特に大いなる者、古記にはモウチギミという訓さえついていて、今ならば侍者というような意味であったことは想像せられる。それが後おいおいと種類を分岐して、中国地方でいうタクダユウ（託大夫）、土佐でイチダユウ（佾大夫）、関東の諸国には舞大夫などと呼ばれる家筋を生じた。あるいは神主とタユウとは全く別で、前者は一つ一つの御社に専属する社人だが、タユウは付近の村々を巡って、神楽《かぐら》の役だけをする一つ低い階級のごとく見られている地方もある。大夫筋と称して普通民の縁組を好まなかった家々もある。つまりは後代に新たなる種類が加わったのである。これは浄瑠璃《じょうるり》の大夫や人形の大夫、もっと進んでは遊女までもそう呼ぶようになったのを見てもわかるように、あるいは中世以後の意味の拡張であり、かつてあったものの変化ではなかったのかもしれぬが、しかもいったん応用がこういう境まで延びると、もう一方には避けてこれを名のらぬ者ができるのは自然である。江戸時代の新語としては、各藩の家老をもそういうことがあった。これは昔からある朝廷の官名と共に、わざとダイブと発音させて、民間のタユウと区別していたらしく、またあまりにも物が懸け隔たっていれば、かまわずに両存させることもできたかもしれぬが、同じく神祭りに奉仕する者が二とおりあるとすると、一方の低い地位の者にそういう以上は、もう他の一方には同じ名が使えなかったわけで、これが土地ごとにはなはだしく内容の違っている原因と見られる。

　大夫さんという言葉は、現在ホウリよりもずっと弘く行なわれている。北は奥州《おうしゅう》の会津以北、中部にも信州などは所々、南は中国からさきはいたるところで耳にする名で、しかも二つの土地を突き合わせたら、あるいは不愉快の感を抱くかもしれぬと思うのは、前にも挙げたごとくこれをやや安っぽく、わずかな定額で雇われて来る臨時の輔佐役《ほさやく》のごとく、見ている土地がまだおりおりはあるからである。私はこの全国区々な事実を、次のように説明しようとしている。すなわちこれは神職が職業化する一つ前の状態であって、この人でなくては祭のある役目は勤まらぬという考えから、単に家の特権としてその任務を世襲せしめただけでなく、さらに一歩を進めてその家は神役にかかりきりで、他の活計事業には携われないように、なっていく路筋にあるのではないかと思っている。ホウリは大夫よりもいちだんと早く、この事業化を完成したように思われているが、それでもまだ若干は例外が残っている。たとえば京都府東北隅の加佐《かさ》郡野原などは、元は三十何戸かのホウリ株というものがあって、廻り持ちで氏神の神役を勤めてきたことは、他の地方でいう頭屋《とうや》制《せい》も同じであったのが、後に協議の末その中のある一戸に全部を引き受けさせ、今はその家のみがこの村のホウリである。ところがそこからあまり遠くない若狭《わかさ》の常神《つねかみ》村のごときは、今でもまだ四十二戸のホウリという家があって、半年ずつの廻り持ちで、正月と七月の朔日《ついたち》に交代して神主の役を勤めている。この変化を生じた原因は、村によって信心の強さ弱さがあると共に、物忌み精進の厳重さにも著しい差異があり、さらにまたこれから生ずる経済上の拘束にも、堪えられるものと否とがあったからであろう。頭屋はもちろん大きな栄誉であり、また旧家の特権でもあったが、これに伴うてかなり大きな義務もある。それゆえに現在はおりおりはその免除を乞う者と、喜び競うてこれに就こうとする者と、村の状況に応じて幾段となき差異が生じているのである。

大夫もこれと同様に、かつては村全体の、もしくは少なくとも多数の長百姓の、協同の任務であった時代があった。その痕跡は今もそちこちに残り、たとえば農家の主人の祭の役を果たしたものだけが、何大夫の通称を名のり得るという村もある。そうかと思うと右衛門左衛門が勝手次第であると同じく、ただなんとなくその通称を用いるところもあり、あるいは私などの故郷のように、一、二の特定の家だけが代々何大夫を通り名に付けるという例もあるので、その風習の起こりがそれぞれ別であった気づかいはない。最初はおそらくはいずれも皆神祭と関係のある者の普通名詞であり、祭の儀式の中でも神饌供進《みけぐしん》というような、最も神に近い部分に奉仕する者が大夫であったのが、後々ある家の主人の呼び名ともなり、さらにまた何人がそう名乗ってもよいことになったのは、誰でも知っている兵衛や衛門の拡張と同じであったろう。この想像がもし誤りなくば、大夫もまた若狭や丹《たん》後《ご》の海岸のホウリと同様に、本来は職業の名ではなかったのである。ちょうど関取が毎年の優勝者の名であったのに、いつの間にか相撲を業とする者の敬称のようになったごとく、後々これによって衣食する専門の者にこの名を付与した結果、もうその他の者には同じ名は用いられなくなったのである。

一〇

神主とかミコとかいう名称のごときも、やはり同じ事情によって適用の範囲が移動し、または地方的に内容が区々になっている。そういう中でも神主という名は、今でもそうやたらには用いず、またはこれを神職と同じでないと思っている土地は多い。この二つを混同しているのは東京とその付近ぐらいなもので、他の多くの土地ではかなりはっきりとした区別があり、したがってそういう標準語を聴くとしばしば誤解を生ずる。ことに頭屋の慣例のまだ守られている御社では、神職は指導者でありまたは監督者であっても神主ではない。神主はただ本百姓の勤める役だと心得ている。もっとも一方には神職にして同時に神主になり得る家が、あるということは知っているのだが、それはむしろ近世に入って、だんだんと数少なくなっているのである。つまりは現今の神職なるものの根原が、最初からまたは中世以後、すでにいくとおりかに分かれていたのである。それに新たなる任命制度が加わったのだから、この経済生活と交渉のある一側面は、いたって複雑なものとならざるを得ない。それで自分はこれをできるだけわかりやすくするために、だいたいに二とおりに分けてみようとしている。その一つは土地の住民、神の氏人の中から出た神職、他の一つは中世以後に、外から入ってきた神職、これにまた新旧のかなり著しい差異があるのである。

第一種の土地生《は》え抜きの神職の中には、争うべからざる一門の宗家で、家と神社との因縁を不可分に考え、時として神の御血筋を引いた直系の子孫とさえ信じているものがあった。こういうのが普通に神主といってもまた通ずる神職である。領主その他外部の崇敬が厚く、寄進の所領財産が豊かである場合には、彼らもその余沢を受けて、奉仕を一つの専業とすることができたのだが、そういう御社の数は実は何ほどもなかった。他の大多数はその御社に仕えんがために、別に農林その他の生産にいそしんでいた。すなわち彼ら等にとっては神祭りは最も高尚なる消費事業であった。祭の経費を支弁するがためには、自身まず進んで農民の生活をしたのであった。戦国の世ならば家門の安泰を維持するために戦いもしなければならなかったろうし、そうでなくても俗界の因縁は絶ち得なかったゆえに、喜捨に活《い》きている僧侶とはちがって、教理の発達に専心することはできず、ひたすら伝統の守持に忠誠であっただけなので、おりおりは新たなる文化の時代相と調和し得ず、もしくはやや不利益なる妥協をしている。そういう苦境を脱するがためにも、職務を純一にし生活の基礎を独立せしめんとする試みは、起こらざるを得なかったのである。八丈島のホウリが名主家から分かれて出たように、兄弟の一人または一門の中のある一人の適任者を指定して、新たに神主家を創立した例は方々にあったようだが、これとても行く行く事業になりやすいという程度で、やはり最初のうちは本業は農、自身耕作のすべてに携わらぬまでも、生計の根拠を所有の土地の生産に、置かずにはいられなかったようである。しかるに他の一方においては氏人の繁栄増加、ないしはいくつかの氏族の合同によって、多数の村民が一つの御社の神を祀るようになると、このただ一戸の重なる家に、祭祀《さいし》の特権を委ねてしまうことができず、我も彼も共々に神の御側に仕えたいということになって、順番交代して神主の役を勤めようとして、ついに今見るような廻り神主、または頭屋《とうや》の規約というものができてきたのである。こうなるといよいよことはめんどうで、いかに信仰は熱烈であろうとも、不馴れなために修練は足らず、中にはまた不適任な者も出やすいので、なんらか外部の条件が変わるたびに、しだいに第二種の神職の必要を多くする結果を見た。明治初頭の制度改革のごときも、言わばその必要の特殊に顕著だった場合の一つであった。

一一

第二種の外部から来た神職の起こりも、決してそう新しいものではない。この中には今でもなお多くの地方に見られるように、本来はどこか近くの村の御社に仕えていた大夫またはホウリが、力が余りもしくは特別の素養があって、頼まれて来て祭の式を援助しているうちに、だんだんと必要な人になり、家を分かちまたは移住してこちらの御社に専属したというのもあることは確かだが、別にその以外に非常に遠いところから、こういう業務のために旅行して来て、新たに便宜のある地に土着した者がかなり多いのである。これは大和の朝廷の終わりに近いころから、急に盛んになってきた神々の遷徙、東国にあっては鹿島《かしま》の御子神、鎮西《ちんぜい》の方からは八幡神設楽《しだら》神などが、託宣をもって次々と移動なされたことと、元一つの趨勢《すうせい》の現れではないかと私は察するのだが、それにはまだ安全な証拠はない。とにかくにこの方はただ神職だけが遠くからやって来て、土地に前々からあった御社に御仕え申すことになったのである。このことは別にやや詳しく記述した書物もあるから、ここにはただそういうことがあったというだけに止めておくが、ともかくも単なる私の想像ではない。かなり著しい一つの証跡は、府県の多くの有力な御社の神職家が、その家名を共通にしているのみでなく、往々にして似かよった祭の儀礼、または特殊なる舞やかたりごとを持ち伝えていることで、ことに祭神と自分の家との縁故を説く場合において、一方在来の氏人らは、当然に神の後裔《こうえい》と名のっているに対して、この方は外戚の親を称し、そういう中でもいわゆる三輪式の神話、すなわち清く美しい処女が恩寵《おんちょう》を受けて、神の御子を儲《もう》けたと説く者が多い。あるいはまた神に祀《まつ》られたまう貴人の、臣下僕従の家筋といい、もしくははじめて大神を奉戴して遠くから旅して来たという物語を伝える者もあって、それがいずれも異常に印象的な一つの型を具《そな》えている。氏神は氏人らの遠い昔の祖神だという考え方が、このためにだんだんと片隅へ押しやられた姿になったのは、おそらくはこの第二種の由緒譚の、国内に普及した結果だろうと私などは見ている。土地に生え抜きの、最初から神をお祀り申している家々でも、何かの機会にそう信じ始める場合は絶無とまでは言えまいが、御社がすでに儼存《げんそん》しているところへ、後から新たに移住して来た者が、特にこういう種類の因縁を感じやすかったであろう。全国大小の御社の縁起と祭神の由来が、これがために複雑になったことは迷惑なようなものだが、もしもこういういくつかの変化と異同とがなかったら、ちょうど村々の創業史も同じように、かえってその単調によって人の記憶に根を下すことができず、したがって比較をもってだんだんと一つ以前の姿に、探り近よることが困難になっていたことであろう。

近世の記録に現れたところだけを見ると、これらの本国のほぼわかっている外来神職、鈴木榎本小野横山長谷川五十嵐というような家々も、多くは他の一方の神と共に起こった旧族長の家と、見た目はさして異ならぬ土豪の生活をしている。官府の庇護《ひご》の新たに加わらぬ限り、単なる神祭りの職分のみをもって世業を支えることはできなかったゆえに、彼らも最初はやはり農耕に頼らなければ、安全なる土着は望み難かったものと思われる。そうして世代を重ねていくうちには、その声望門地はおのずから高まり、後には御社のひとり古く、我が家のそれよりもはるかに新しいものであることを、承認しなければならぬ必要はなくなったのであるが、なおその家伝の中には中央の大姓から分岐したことを、一つの誇りとして語り継ぐ者がまれでない。しかも政権や武力の拠《よ》るべき背景もなくて、これほどにも弘《ひろ》く全国の各府県に、散らばりかつ栄えている門党というものも異数である。今までその理由を考えようとした人もなく、現にまた祭祀と縁のない職業にあるものも多いけれども、その幸福なる原因として想像し得べきものは一つしかない。すなわち移住が彼らの家の数を増加させ、優秀なる信仰がまたその移住を可能にしたことより、他には考えてみようもないのである。日本が今でもそういう需要の多い国であることは、「あるきみこ」雇われ祝の多いのを見てもわかる。どこにそういう供給源があるかは別問題として、とにかくに同じ目的をもって移動漂泊している宗教業者の数は、現在もなお相応に多いのである。彼らはまだ定住の地を得ないために、すでに土着した人々からは差別視せられている。そうして両者の地位は世と共に懸隔している。以前はそうでもなかったということに心づくこと、これが沿革を明らかにする一つの秘訣《ひけつ》であると私は考えている。

一二

今日いうところの各派神道の、過去五、六百年にわたった興隆を考えてみるのに、必ずしも不世出の偉人の唱導に基づくとのみは言われない。他の一面にはまた民間にも、これを待ち迎えるだけの要求がなかったら、こうはならなかったろうと思われる事情がある。村人が族長や故老に率いられて、年久しくみずから神の祭を続けている中に来て、これからは私が助けてやろう、この役目だけは私たちに任せないかと言うためには、何か彼らのもたぬような技能知識か、尋常の者には不可能な解説釈義か、つまりはみずから恃《たの》むに足る何物かが必要であった。実際にまた神祭りの管理者が専業にならなければ、修めることもできずまた発達もしなかったろうと思われるような学問が、中世に入ってから急に盛んになってきているのである。一つには人間の智能が進み経験が豊かになって、新たなる懐疑が頭も擡《もた》げたからということもあろうが、別に今一つの原因としては、天台真言の習合教義から[39]白川吉田の学説、降っては[40]吉川惟足《きっかわこれたる》とか[41]吉見幸和《よしみゆきかず》とかいう類の多くの神道家までが、盛んに口伝奥許しの関門を設けていたのも、動機はこの素人神主と専業神主との間隔を、できるだけ広く引き離そうという趣旨ではなかったかと思う。つまり民間にすでにそういう注文が広まっていなかったならば、独立してこのようにまで綿密な一種の研究が、栄えかつ普及することはなかったはずである。その痕跡のことに著しく見られるのは、元を尋ねればなんでもないような長短さまざまの唱えごと、これにややもっともらし過ぎるほどの講釈がついたこと、あるいは近ごろ杉山寿栄男《すぎやますえお》氏などの蒐集《しゅうしゅう》しておられる無数の御《ご》幣《へい》の剪《き》り方、紙の折り方や紐《ひも》の結び方のいろいろの変化、それに一つ一つの理由と法則があるとなると、普通の者にはとうてい学び取ることはできず、どうしても特殊の修行をした人たちに、その部分だけは委ねずにはいられぬことになる。これが上世以来の常の姿ではなく、後々発達してこうなったものということは、この知識を今でも及びなきこととしてあきらめている者が、国の隅々にはたくさんにいることからも推定し得られる。

しかし必ずしもわざと方式を煩瑣《はんさ》にして、普通の人々に断念せしめようとしなくとも、祭の任務はだんだんと我々には重過ぎるようになってきてはいる。昔の農民にはあたりまえのことであった祭前斎忌《さいき》、祭を中心としたさまざまの拘束、それが新しい世の経済生活には一とおりならぬ障碍《しょうがい》であった。一つの大きな例を挙《あ》げると、喪の忌みにある者の謹慎、これを徹底的に守ろうとすれば、神に近よることはさておき、他の村人に立ちまじって普通の生産に働くこともできない。以前はその隔離の期間だけ、外から養うてやる制度もあったらしいが、もう久しくその習わしも絶えて、資力や職業によっては喪中でも、自分だけの活計を立てなければならぬ者が多くなった。門口に竹の簾《すだれ》を垂れ忌中と書いて、人が穢《けが》れに染まることを警戒する風は都会にもまだ残っているけれども、商売の必要上すぐにその貼り札を剝《は》ぎ取って、内部の忌服だけはなお続けている。その上に喪をとむらう社交は世と共に親密になって、一戸に不幸があれば多くの隣人が、神を拝むに適せざる身となったのである。一年神主の物忌みの厳重だった土地では、その主人夫婦だけは警戒して、忘れそういう穢れに遠ざかっているけれども、なおその以外にもいろいろの小さな拘束、忘れて犯しそうな物忌みの禁のあったことは、たった一つの肥料の問題だけを考えてみてもわかる。しかも一方には忌みの期間は相応に永く、これを完全に守らぬと祭の効果が現れず、またはかえって悪い結果を招くかもしれぬという不安のみは、依然として平民の心の中を支配していたのである。この二つの必要の対立を折り合わせるために、頭屋交替の制度もおそらくは大いに発達し、さらにまた代願代参代垢離《こり》の風習、すなわちある一人を代表者として、もっとも厳重にこの義務を守らせ、またはある一人が代わって祭の役を勤めると、皆の者が奉仕したと同じことになるというような、考え方がだんだんと拡張してきたのである。こういう職分は専業になりやすかった。江戸で願人だのスタスタ坊主だのといったのは、最も低俗な零落の形ではあるが、これとても我々の信仰行為の、他人に代行せしめ得ることが認められなかったら、商売として成り立つはずはなかった。まして多くの行人とか先達とかいう人々は、学識がありまた練修があって、むしろ我々本人がみずから携わるよりも、もっと有効だろうという信頼をさえ受けていたのである。あるいは戦国時代の交通杜絶《とぜつ》と、熊野や富士白山のような遠方の神々の祭に参加する信仰が大いに起こって、それがこの新たな風習の原因となったように、考えている人も多かろうが、他の一面にはやはり祭に奉仕する者の条件の充《み》たし難いものが多くなって、しだいに神と氏人との間に立つ者を必要とした事情が、別になお一つはあったのである。だからこの変遷は全国いたるところ、個々の土地限りの、他から参りのない御社にも及ばんとしている。祭の奉仕に当たるべき者が変われば、その様式もまたおのずから改まらざるを得ないであろう。供物が祭の庭で即座に直会《なおらい》し得るものから、だんだんに貯蔵運搬に適するものとなり、したがってその管理処分の方法が問題となり始めたことは、すでに出雲《いずも》の美保関《みほのせき》などの、頭屋一年神主の時代からであった。これを仏堂僧院の慣行に、同化したものと見ることは誤っている。その方の影響も絶無とまでは言えまいが、なお御社そのものの方にも、永く常人の全部に祭を掌《つかさど》らしめ得ないような、新たなる事情は生まれていたのである。この状態をなお持続していくがよいか、ただしはまたなんらかの考慮を費やすがよいかは、前にも言うごとくもはや日本民俗学の領分の外である。我々は単に昔は今日のとおりでなかったことを知ればよいのである。そうしてもしできるならば、いかにしてかく変遷することになったかを、もう少し的確かつ簡明に、同胞の誰にでも説き得るように、心がけていればそれでよいと思っている。

参詣と参拝

一

これまで神社制度の研究者たちに、とかく見残されようとしていた一つの問題は、お賽《さい》銭箱《せんばこ》がいつのころ、またいかなる必要に基づいて始まったかということである。これは全く凡俗な、人を下品にする事柄に相違ないが、これを明白にした上でないと、日本の祭の変遷の最も大きなものを考えてみることができない。そうしてまたこの物のまだなかった時代を想像することによって、国の大小さまざまの御社の間に、存外に著しい一致のあったことが心づかれるのである。そういう発見の大きな欣《よろこ》びのために、忍んで我々はこの下品な問題をも見なおさなければならない。

誰しも最初から、これが我邦《わがくに》の御社に備わっていたものと思う人はない。ただその新たに入用になった時期について疑いがあり、もしくはまた全然無知なのである。一つには書物にそのような模様替えを記録したものが、少なかったということも原因であろうが、たとえ記録がまるでなかろうとも、これを確かめる途が絶えているわけではない。私たちの方法は、まずもって現在はどうなっているかということから始める。二つ以上の違った状態があるときまれば、どちらの方が前の形であり、どうしてそれを後の方に改めたのであろうかを考えてみる。もちろん双方が共に新しいという場合もあり得るが、そうだったところで一どきにこう変わったのでないとすれば、やはり変化の順序だけは見られるわけである。めいめいが最も手近なところから、次々と注意をしていくのが自然であろう。私などの故郷では、氏神社の拝殿の奥正面に、かなり大きなお賽銭箱が置いてあったほかに、国道の傍に建造した恵比須社にも、鈴の綱のま下にこの箱が設けられていた。村の人のよく参る御社は、この他にもいくつかあったのだが、それにはまだこれができていなかったのは、たぶん他所《よそ》から参詣する人の、あるかないかによる差別であったためと思う。もとよりただ予想であり、ことに参詣の多い少ないなどは不定なことだが、近世の宮大工らには、社殿を新築すれば普通にこれを取りつけるというのが、もう常識となっていたものであった。だから近ごろはまた変わってきたろうが、私たちが地方をあるきまわったころまでは、ちょうど自分のうぶすなの社も同じように、名は賽銭箱でも供米ばかりが打ち散って雀《すずめ》小鳥が集まり、たまさか底の方に光ったものが入っていると、のぞいて子供が問題にするというような御社は、いたるところにあったのである。これをもって信仰の深い浅いを卜《ぼく》することは絶対にできない。言わば神を拝む方式というものが、こうしてだんだんと二流れに分かれてしまったのである。

この一つの箱を備え付けない御社は、現在もまだなかなか多い。ひとり家々の屋敷神や内神、毎年日を定めて幟《のぼり》を立て仮屋をしつらえるような、いわゆる無格以下の小さい神々だけではない。一村の鎮守として花やかな祭の執り行なわれる御社でも、建築の型によってはこれを置くような場所がなく、もしくは最初からその必要を感じなかったかと思われるものも、関東以北の田舎にはしばしば見られる。一方にはまた京阪地方の名ある大社にも、かつてはあったのかもしれぬが、現在は全くこれを闕《か》くものがある。この方は拝殿の正面に白布が敷いてあって、その上には無数の銀銅貨が散乱しているのみか、それにまじって紙に包みまたは包まざるウチマキの、雪霰《あられ》のごとくこぼれているのが、なんとも言われない複雑な印象を与える。すなわちちょうど自分らの村の社とは正反対に、ここではこれほどの著しい必要があるにかかわらず、まるで賽銭というものは無視せられているのである。もしも不可解というものがこの世にはあり得ないとすれば、これは改めて今一度、神を拝もうとする者の立場に立って、考えてみなければならぬ歴史だと思う。

二

サイセンが輸入の新語であったことは何人も認める。ゆえにもしこれを上げる慣習がその一語と共に、新たに始まったものでないとするならば、以前は何といっていたろうかが第一に考えられざるを得ない。最初にまず想像に浮かぶのは、ヌサというのがそれではなかったろうかということで、これは少なくとも問題にしてみる価値がある。ヌサは手向山《たむけやま》の菅家の歌以来、旅をする者の臨時の祭の捧げ物で、また紅葉の錦にも擬せらるべき美しい布帛《ふはく》であったことが推測せられている。あるいはそれをこまごまと剪《き》り刻んで、撒《ま》き散らすのが本意のように説いた者もあり、それはよっぽど危ない話だとしても、少なくとも常に幣帛とつづけて言うぐらいに、絹や精巧の麻布を用いていたことだけは争《あらそ》われない。しかしこれはただ中世の財貨の、最も普遍的な品が布帛だったためであって、神に捧げる物は必ずそれと限っていたのではない。現にヌサとはもう言わなかったろうが、馬や剣太刀その他くさぐさの宝を、人を怡《よろこ》ばしめると同じ意味に、進献する風は久しく続いており、古くは田園神戸を寄せ、また神賤を貢した例さえ伝わっている。貨幣の幣などもその本来の用途の一つはまたこれで、必ずしも神にまいらせることを主としていたとは言われぬが、最近に志賀の大宮址からも発掘せられたように、これを一つの目的に予期していたことはうかがわれ、新鋳の銭貨をまず名ある神社に御送りなされたことも、正史に見えている。近世年々の幣帛供進なども、確かなことはまだ承わっておらぬが、その一品としてあるいはこのいわゆるオタカラも加わっていることかと思う。民間にはもとよりこの慣例が弘く久しく行なわれ、決して新たなる略儀とは言われないのである。しかも近ごろ見るような大きな賽銭箱、我れも我れもと遠くの方から、かちんからりんと投げ込むような方式が、前からあったものとは何としても考えることができぬ。

この変遷の順序も、今ならばまだ容易に見て知ることができる。土地で固い家とか昔風な人とか言われるものの特質は、たいていはこういう方面において認められるのである。銭貨にオアシとかオチョウモク（御鳥目）とかいう敬語の用いられるのは、今日はただ女言葉のように解せられるだろうが、本来は神や貴人に対する幣にもなるということを、意識していたからの謹みではなかったろうか。私たちのような新しい人間でも、支払いの時だけは別として、人に金を贈るのにむき出しでは気が咎《とが》める。近ごろはようよう西洋人をまねて、使用人への心づけだけは、裸でやっても礼を言われるようになったが、まだまだその以外の者は受け取らずに顔を見るであろう。だからあのとおり、何でも結構というような大きな箱が出ていても、その中にはなお若干の白紙のオヒネリがまじっているのである。

オヒネリという古風な言葉は、東京でも一部にはこれを使う者がいるが、その意味はすこぶる全国の田舎と違っている。こちらでは俗にいうチップ、すなわち目下の者に向かってぽいと抛《ほう》ってやるようなはした金に、この名を適用していた時期がしばらくあったのだが、それもすでに必要がなくなろうとしている。以前はこんなものがオヒネリでなかったことは、賽銭箱の中からでもうかがわれる。地方はこれが今いちだんと厳粛で、オヒネリを包むべき日と場合とは一定し、他にも応用はあるが主としては神詣での用であった。そうしてさらに何よりも顕著なことには、この紙包みの中には必ず洗い米が入っていたのである。この問題は前に『食物と心臓』という著書の中にやや細かく述べておいた。これは物よりも敬意の表示、今一歩を進めて言うならば、先方の霊の承認を意味していたことは、年の始めの最も改まった期日に、家の周囲の泉や井戸その他あらゆる小さき神々だけでなく、日ごろ大事にしている炉の鉤《かぎ》とか臼《うす》農具とかにまで、いわゆるトビを捻《ひね》って結《ゆ》わえつける土地があるのを見てもわかる。人にもこれを贈るのはおそらくはその思想の延長であって、しかもそのオヒネリの米というのは、必ず最初から用意せられ、家内一同の者もいただいて共にたべるところの、蓬萊《ほうらい》とも三方ともいう高折敷の中の米であった。それを東京などではもう省略してしまって、ただ小銭だけを白紙に捻ったのを、オヒネリと呼ぶようになっているのである。

三

わずか五十年か百年前の、オヒネリというものの用法が今と違うことは、浮世絵や市井《しせい》文芸の中にいくらでも証拠が残っている。気永に捜してみる人さえあれば、こんな講釈はする必要がないのである。以前の江戸人はこれをまた十二銅とも呼んでいた。それはこの米の紙包みの中へ、さらに十二文の銅銭を添えたからだったが、後にはかえってその米の方は省略してしまって、銭だけを包むことになったのである。その理由もまたすこぶる明白で、都会には前章にも言ったごとく、代願代参の風がことに盛んに行なわれ、自身堂宮に参詣することのできぬ人のために、取り次ぎ仲立ちを業とする者が年増しに多くなって、しかもその連中は米を目あてにはしなかった。もちろんこの銭とても手数料ではなく、必ず何々様へ十二銅をお上げなされといってきたのだが、その銭がどういうように処理せられるかは、おおよそこちらにもわかっていた。後には依頼というよりも寄付につくという気持ちになり、都会ではこのオヒネリというものの格式を、情けないほども低下させたのである。これと現在もなお確かに行なわれている村々のオヒネリと、二つは始めから別々のものだと、もし言えるものなら言いたいくらいだが、いかんせんまだ記憶している老人も多いように、都会のオヒネリもやはり近いころまでは信仰用であった。

どちらが退化でありまた零落の姿であったかは、二つを比較してみればたちまち明らかである。諸君の郷里にもたぶん同じ例が多いであろうが、私たちの少年のころは、たとえ子供でも御宮に詣《まい》るのに、このオヒネリを持たぬ者は一人もなかった。それを手に持って行くことが、すなわち参詣であるとまで思っていた。倹約な家では半紙を二つまたは四つに切って、それに白米を包んで紙の端を捻っていた。オヒネリといってもむろん通じたが、私たちの家では普通オセンマイといい、またオサングともウチマキとも呼んでいた。サングはすなわち散供の字音であって、参詣をするとまずその包みを解いて、中の米を賽銭箱の上に撒《ま》いたのである。というわけは境内にはいくつかの小さい神様がおられるし、また矢大臣などといった二座の門客神（カドマロウド）にも、左右の狛犬《こまいぬ》にも、少しずつ上げなければならぬからであった。しかし子供の中にはそういうことをする児《こ》ばかりはいない。あるいは紙包みのままで箱の中へ入れて帰って来るのもあった。その包みの中には米のほかに、銭を入れたというのも絶対になかったとは言えないが、少なくとも自分の家においては、オヒネリは常に米一色であった。しかも一方にはまたお賽銭を持って詣ることも知っていたのだが、我々は何かこの二つの詣り方に、区別があるもののように思って、これを少しも不思議だとは感じなかったのである。

今日になってみると、この打ち撒きの風習の起こりはなかなか解しにくい。まず第一に春秋の定まった祭の日には、多くの氏人はこの御散供を持たずに詣るのである。中には持って行くのが癖になって、こういう日にも手ぶらでは詣らぬ人があるか知らぬが、とにかくにこの日は神酒餅を始めとし、御供え申すものがいろいろあるのだから、これが少しも重要でなくなるのである。それで私の親などは、ウチマキを祭典の最も略式のものと解して、家の神棚の朝々の拝礼にも、常の日はこの洗い米だけをさし上げていたようであるが、それと紙に包んだ御散供とは、たしかにまた同じものではなかった。一方はとにかく恭敬の限りを尽くして神の御前に供進したに反して、こちらはただ無造作に打ち散らしていたのである。何か根原において二つは異なるものがあったのを、忘れてだんだんにこれを接近せしめようとしていたのではなかろうか。最近に報告せられた青森県三戸郡の話に(『旅と伝説』十四巻九号)、あの地方の村社にも賽銭箱はあるのだが、別に正門の後の方に木箱を掛けて、「外まきはこの箱の中へ入れてください」と書いてあるのを、見かけることがあるという。この外まきはたぶんウチマキを内撒きと解し、これに対して設けられた語であろうが、社の神様を拝むに先だって、違った方角に向かって散供の一部または金銭までを撒きちらすのだそうである。それでは粗末になるゆえにその分も別の箱の中に納めるようにという新しい注意と思われる。いつのころからこのいわゆる外撒きの慣行があったろうかという点に、我々の興味は集注する。中央部の古い御社では、もちろん今はそのようなことはしないが、その代わりには境内の前後左右に、算《かぞ》えきれぬほどの小さな祠《ほこら》が列《つら》なっていて、参詣者は通例御本社に詣《まい》ったついでに、もとはその小祠に残らず拝をすることが普通で、そのために鳩目《はとめ》銭《せん》と称して、一文をさらに十にも分けたほどの、小さな銭を売っていたという話もある。我々の解し難いことは、今では若宮や本社の従神のほかに、これらも末社のうちに算えられているが、その小社の多くはあまりにも有名な、歴とした国々の大社の神々を祀《まつ》っていることである。これが上代以来の習わしでないことは、おそらく双方の大社の共に認めるところであろうが、さりとてその由来もまだ明らかにはなっておらぬのである。ただ一座の尊い神に信心を運ぶためには、これに伴うて外の神々を拝まなければならぬという点だけは、少なくとも奥南部の外撒きと似ている。これは祖霊と村の神社との元一つであったことを考えぬ人には、あるいはあまりに隔絶した類似と見られるかも知らぬが、いわゆる盆の祭にも同じことがあるのである。無縁とか外精霊（ホカジョウロ）とか、その他土地によって名はいろいろあるが、先祖様を迎えて祭をする盆棚の他に、またはその片隅に、別にその以外の霊を供養する設備が必ずある。盆は仏法の影響が強く、あるいは全部がその管轄のように思い込んでいる人もあるけれども、こういうことはおそらくあちらでは説明ができまい。その上にまた正月年越しの家々の祭にも、やはり神棚の端や床の間に、ミタマの飯というものを供える風習が、信越以東には弘く行なわれている。すなわちこの二とおりの祭り方には、何か由来するところがなければならぬのである。

四

そこで私の一つの仮定説、すなわち将来発見せらるべき事実によって、確かめられもしくは訂正せられるであろう意見というものを述べておくが、これは我々日本国民の信仰する神々に、最初から内と外と二とおりがあったことを示すものかと思われる。その二つのちがいは、元はかなりはっきりしたものだったのが、国が統一に向かって進んだごとく、後おいおいに融合しまた錯綜したために、境目の見分けにくい場所が多くなったのである。しかし気をつけて見ればわからぬほどではない。たぶんこうだろうと思う点を取り立てていうと、内というのはよく知っていて親しい神、他の一方はまだ気心を知らぬゆえに畏るべき神、そうして方法を尽くせばだんだんと、内の神と同じにまたはそれ以上に、恩徳を垂れたまう神であった。その経験の累積というものが、すなわち我々の神祇道《じんぎどう》の発達、また変遷ではなかったろうかと私は考えている。

我々の経験の最初の機会は羈旅《きりょ》であった。人が生まれた土地の中でのみ働いているうちは、よその神々を思うおりがない。たまたまやや遠く家を離れた場合にも、なおうぶすなの庇護《ひご》、我が氏神のかねての御約諾を信ずることができたであろう。家に信心深く祭をよく仕えて忌み籠《こも》っている者があるということを、唯一の力としていたのは、昔の世の兵士ばかりではなかった。姉妹は旅する者の護り神だということは、もとは沖縄諸島でも信じられていた。そうしてこの島々などは、今でもまだ他系の家の神の祭に、参加することがまれなのである。しかし故郷の消息が久しく絶え、雲山蒼波の隔たりが重なっていくと、人はようように行く先々の神の強い力を感ぜずにはいられない。ことに険難の嶺を越え、風濤《ふうとう》たちまちにして吹き起こるような済（ワタリ）に臨むと、ここにもまだ知らぬ畏《かし》こき神がましまして、人の禍福を支配したまうかという想像が起こりがちであったろう。そうしてそれにはまたその土地土地の、住民の単純にして熱烈なる信仰の姿が、孤独の異郷人に影響を与えるということもあり得たのである。

異郷人の祭には、彼らの故郷において行なわれる恒例の祭と比べて、当然に異なるべき点がいくつともなくあったはずである。その主要なる一つは神様の御ありか、ないしは御挙動を知らなかったことから来る。故郷の御社には幻の遺伝ともいうべきものがあった。

今の人から見ればなんでもないことだろうが、神の示現に際しては年久しい兆候が感じられ、あるいは山頂の雲の靡《なび》きあるいは神木の梢《こずえ》のそよぎなどによって、時刻方角を覚知せぬ者はなく、最も素朴なる者の眼には、さらにまた黒髪白の御衣の、髣髴《ほうふつ》として近づき来る御影をさえ看取《みと》られたのであった。しかるに旅ではそのような予定というものが一つもない。その上に友もなく調度もととのわず、多くはまたにわかの営みであったゆえに、日ごろの祭のごとく行き届いた飲饌《いんせん》の数をそろえることができなかった。それがウチマキというようなあまりにも簡単な方式を採用して、これをまた一つの祭と見なければならなかった必要のもとかと思う。採用と私がいうのにも反対の意見は起こり得る。しかし米が食物の最も優《すぐ》れたものであったためか、これを呪法《じゅほう》の目的に打ち散らした風習は、古く我邦にもありまた近隣の他民族にもある。それゆえに同じ行為は、だんだんに祭と同じ列の信仰儀式と、解せられるようになったものと考えられるのである。この想像がもし誤っていたとしても、そういうまた一つの祭の型が、新たに追加せられたということにはかわりはない。つまりは祭る人の地位状況の変化、また信仰の展開によって、こういう方法でしか崇敬信頼の意を表し得ない場合ができてきたのである。ヌサは細かく切り刻んだ布帛《ふはく》だという神道家の説なども、米の例を思い合わせるとまるきり跡方もないこととは言えない。ただこうするものに限ったように言うのがおかしいのである。それから今一つの起こり得べき疑問は、旅がウチマキの祭の必要のもとというならば、村の氏神社の参詣に、これを携えていくのはどうしたわけだということであろうが、それにはさらにまた近世の信仰の発達、かねて住民の熟知していないいろいろの神の、進出ということが考えられなければならぬ。疫病その他の思いがけぬ災厄が現れるたびに、必ず新たなる神の祭が加わったことは、昔からの習わしであった。ことに以前はなかったろうと思うひとり祭の普及があり、また祭の日の著しい増加があった。ゆえにこれらを一とおり明らかにしてからでないと、まだこの疑問には明確に答えられぬのである。

五

この内外二とおりの祭の式において、何よりも著明な相異の点は、祭の日の定め方であろう。一方は記憶を超越するほどの古い代から、誰がきめたとも言えない例日があって、その日に参り合わせぬと神に近づき奉ることもできず、氏子の列からも落伍するような不安があって、今なおはるかなる旅の空から、祭にはかえって来るという村人が多いのに反して、他の一方は主として一身の都合により、ほかには友もない森閑とした社頭に、寂しくぬかずいていく場合が毎度あった。それでも吉日を見定め、最短期間の物忌みをして、旅の日数の延びるのを厭《いと》わなかった者がもとは多く、近ごろでもまだおりよく祭の日に通り合わせたことを大きな欣《よろこ》びとした記録はあるのだが、そういう気の長い人もますます少なくなった。交通は日増しに迅速《じんそく》になる。いつでも時はかまわず御社のあたりを過ぎた際に、参詣をせぬのはかえって非礼のように、考える人ばかりが多くなってきたのである。そうして祭と参詣とは、最初から二つ別々のものであったという推定は、まさに成り立とうとしているのである。

どうしてこのような烈しい変化が、最近わずかな年月の間に起こったものかは、そのことの善《よ》し悪《あ》し、または避け難いか否かの問題とは別に、一度は諸君もぜひ考えてみなければならぬ。原因はもちろんいくつもあって、詳しく説明しようとしても見落としはあり得るが、その一つとして算えられるのは物忌みの簡略、すなわち旅人の道すがらの参詣のみは、土地の神々の祭に守られている最も手軽な精進をすらも、守らずともよいかのごとく考えられ始めたことである。これもつまりは一般の弛緩《ちかん》、斎忌は祭の重要なる条件であったことを、心づかぬ人の多くなった結果とも言えるが、しかも村々の心安い祭については、忌みの拘束がかなり寛大になって後まで、なお遠くのあらたかな神様に対しては、特に厳重に守られていた時代もあったのである。いわゆる代願代垢離の職業が盛んになったのもそのためで、必ずしも道がはるかで旅行ができなかったからでなく、一つにはこの拘束がむつかしいばかりに、願掛け御礼申しの念を抱きつつも、一種専業の人たちを頼まずにはおられぬ者が多かった。それが都会においては夙《はや》く流弊を生じ、ちっとも宛《あ》てにはならなくなったのもやむを得なかったが、それに促されて精進そのものの意義までを、無視するに至ったのは新しい現象であった。

極端な例を挙《あ》げた方が話はわかりやすい。出羽《でわ》の三山の参詣などは、今でも里々に精進の小屋があって、十七日以前から若者がその中に籠り、毎日水を浴《あ》み別火をするという例は東北にはまだ多いのだが、そういう人たちの群と前後して、元気な学生などの同じ嶺を経廻《へめぐ》る者には、何一つそれに似た用意はない。彼らもむろん御社の前に出ればぼうやうやしく拝をする。そうしてそれをも参詣と思って、以前の先達が徒《いたず》らに無用の制限を設け、ただ各自の特権を護《まも》ろうとするかのごとく批判しているのである。富士は行者の特権の最も早く失われた御山であるが、それでも黒山のような雑多な登山客にまじって、昔ながらの白衣白鉢巻の信徒が、ちらほらと上下している。山岳会の青年たちが、何かというとあの山この山を征服したなどというのが、けしからぬことのように慨歎《がいたん》している人のあるのを私も聴いた。女を登山させてよいかどうかは、大和の金峯山《きんぷせん》で近ごろ問題になり、それだけは確か否決せられたように記憶する。しかし女ではなくとも死穢《しあい》とか宍喰《ししく》いの穢れとか、以前は自ら参拝を制限していた者がいろいろあった。その障碍《しょうがい》を外側からはいかにして見分けるか。これだけはあまりにむつかしいので、今なお成り行きに任せたままになっている。

六

つまり祭にはどんなにわずかでも条件の守るべきものがあり、参詣には近年それが急になくなった。これが二つの者の手を別《わか》とうとしている原因となっていることは確かである。平たく言うならば、昔も今のとおりと思っている人が多くなっている。断じてそういうことはないという証拠は、特に精進の厳しかった霊山の例を引かずとも、ただの平地の御社にも必ず石の水盤があり、それを横目に見て前進する人が、まれならずあるのを注意しただけでも足りる。しかもこのような外側のものの変わり方よりも、なおいちだんと重々しい原因は内部にもあった。それをできるだけわかりやすく言えば、祈願の減少というのが最も当たっていると私は思う。

祈願は祭の三つの要件のうちでも、特に旅人の切なる志の表われであった。「たむけよくせよ」という古い歌もあるように、家に在《あ》る日はこれという改まった欲求のない者でも、一たび異郷に入ればいろいろの愁《うれ》い、分けても前途の厄難と、離れている者の身の上とが気にかかって、神を求めて御恵みにすがろうとする以外には、その不安を散ずべき方法を知らず、しかも現実にはその願いの容《い》れられた結果と、解し得る場合も相応に多かったのである。個人各自の信心というものが、人生のために必要だという経験は、通例仏教によって得たもののように説かれているが、私などはむしろ人が家郷の地を出てあるくということが、もっと大きな機会であったろうとまで想像している。少なくとも一門一郷党が集合して、氏の神だけをお祭り申している間は、そういう一種の抜け駆けのような祈願は、もとは試みる余地はなかったはずである。村にも後々は人が個別に、一身の私事を願掛けする御社もできてはきたが、ともかくも氏神鎮守の神だけは、その恩沢は共同のものと考えられていた。村の例祭にももちろん祈願の意は含まれている。土地を昔ながらの平隠無事の状態に保ち続け、なんらの予想に反する驚きも悲しみも知らずに、一年を重ね得たのも神の御力であり、それがまた全住民の心の底の望みであることを、しろしめしての神徳とは解していたのであるが、それはすでに高祖始祖以来、御許しなされたものとして満幅の信頼を寄せている。たまたま祈請の言葉をくり返すとしても、ただ定まった一つの形を守るのみで、いまさら事新しく申し上げるような、この上の願いのなかったのはあたりまえである。だから今年もまた安らかに、生産を遂げ得たという喜びのかえり申しと、神の御力に頼りきって、些《すこ》しでも他意はもたぬという渇仰讃歎との二つの表白に、村々の祭はやや偏していたので、これがもしほかの神々への祈願を主とした祭と違うというならば、その岐れ目は単に祭の奉仕者の境涯の差からであった。類の相異と言おうよりも、もとはただ力の入れどころのちがいであった。旅人も無事に長途の旅を終えて、再び同じ地を通れば必ず報賽《ほうさい》の祭をしたであろうし、神徳のたたえごとは、おそらくはおもねりに近いほども丁寧であったろうが、その根本の動機は新たなる願いを、今まで思ってみたこともない他所《よそ》の神に、掛けてみようとするからであった。すなわち露《あら》わな言葉であるが、彼らは新たなる神を試みたので、この一点だけは大昔の難波堀江《なにわのほりえ》の大きな歴史とも近かったのである。それが一方にはかなり著しい影響を村々の神の祭に及ぼしておきながら、それ自身はいつとなく最初の動機から遠ざかり、しまいにはこうして遠くまで信心の歩を運ぶ者を、神せせりなどといって軽しめるようになり、何の願いもなくまたおそらくは深い期待ももたぬ人々が、ただ名ある神々の大前にぬかずくだけをもって足れりとするようになったのは、大きな変遷であったと言わなければならぬ。今はまだ明白にならぬまでも、隠れた原因はまた一つ、この上に働いているにちがいないのである。

七

そこで最初にまず村々の祭が、いかにしてただの参詣になったかを考え、その次にはそれに影響したかと思う他所《よそ》の神の参詣の、さらにまたいちだんと変化した事情を考えてみよう。これに比べると賽銭《さいせん》の問題などは実は小さく、たぶんはこの説明の過程においてひとりでに解決すると思う。村の御社の方には、世を追うて臨時の祭が数を増してきている。最中にはその必要が繁かったために、いつのころよりか恒例の中に編入したものも多い。最初の必要は風旱虫疫、その他不時の災害が起こったのを攘《はら》いのけんがための祈禱《きとう》で、これは経済生活の濃《こま》やかになると共に、免れ難い旧地の悩みであるが、それがために古来の本祭の様式を改造することなく、別に新たな祈願の祭を設けたのは心あるわざで、必ずしも時期がくいちがって間に合わぬためのみではなかったと思う。このおりの祭の方法は夜籠り日籠り、家々から供物を調じて来て、まず神に進《まい》らせてから直会《なおらい》をする。その手順は年に一度の大祭とかわることもなく、むしろ素朴の世の姿がこの中からうかがわれる。というのは貧しい小さな里の大祭にも、神輿《みこし》獅子頭《ししがしら》等の神態は少しもなくて、これとごく近いものがあるからである。山村で猟に入り漁村で漁に出るに先だって営む祭などには、あるいは始めからあったかと思われるものもあるが、やはり成果がやや不安定になってから、農村の秋籠りなどと同じに行なわれることになったのかもしれない。少なくとも戦いに出る前の祭などは、必ず行なわれまた当然の臨時祭であったろうと思う。

その次に新たに起こったろうと思う祭は、村全体を襲うような時疫その他の不安ではなく、村の住民の一人が危篤に陥った時に、急に思い立たれる臨時のもので、あるいは最初には族長その他、重要なる代表者の病気した時だけに行なわれていたかもしれぬが、それを拡張して常の人にも及ばしめたのは、まことに好ましい新儀であった。中国地方などではこれを千祈禱、または勢祈禱と呼ぶ村もある。それがまた雨乞いの千駄焚《た》きに、衆人が萱薪《かやまき》を山上に持ち寄って焚くのと同じく、一人や二人の願いでは望み難い奇瑞《きずい》を、群の集めた念力によって招きいたそうとしたもので、ちょうど国初以来の氏の神の信仰にも一致する。最初はおそらく総がかりであったろうと思うが、氏子が広くなりまた禱《いの》らるる病人が小さくなると、その加勢の区域が垣内や隣組と狭まり、さらに身うちや懇意な者だけの千度詣り、またはいわゆるお百度となって、一人で何回ともなくお詣りの形をくり返したのである。この変遷のごときは、いたって徐々としたまた自然のものではあったが、それでもなお我々の神詣でを、今風のものにしてしまうのに与《あずか》って力があった。部落一同が寄り集まって、ある一人の病者のために臨時に祈禱をしたような場合ならば、必ず祭の日にふさわしい神酒《みき》神饌《しんせん》の供え物があったろうが、近世の草双紙にしばしば取り扱ったごとき、たった一人の孝子貞女が、深夜にそっと起きて井戸端に垢《こり》離をとり、神の広前に歩みを運ぶということになっては、その祭の方式は省かれるのみか、普通に供物の最も略なものと考えられていたオヒネリの散供すらも、持って行かれぬことが多かったであろう。参詣という言葉は前にも言ったように、もとは祭の庭に出仕して、ある時間その片端に伺候していることを意味していた。それが一回の拝礼をもってただちに退出することになってしまったのも、このためばかりとは決して言われぬが、お百度というような新しい風習も、一つの誘因にはなっていたのである。

氏神が本来群のための神様であったことは言うまでもない。しかるに時あって個人の祈願、それも公共の支持し得るものだけでなく、単なる私の望みまでも聴き届けたまうもののごとく、信じられるに至ったのは理由がなくてはならぬ。その一つには村の御社の合同、すなわちいくつかの氏族が共々に、一つの神を氏神として斎《いつ》くことになったからで、人が多くなり生活が複雑になれば、たとえ利害はそう容易に牴触《ていしょく》せぬまでも、個々の信心の深さ正しさの差によって、神の恩寵もおのずから厚薄があるように、考え始めることは免れない。そうしてまた現実に、人によって神の御威徳を仰ぐ純一さが、必ずしも一様でなくなったばかりか、その解釈にもまた世の智慧《ちえ》が干渉して、行動はようやく区々になってきたのである。しかもだいたいにおいて篤信《とくしん》の人は重んじられ、神を恭敬することはいつの場合にも善行と認められていたゆえに、参詣の条件と準備が簡易となると共に、その度数は一般に多くなる傾きをもっていたようである。たとえば日参はお百度と共に、いわゆる千垢離勢祈禱から変形したもので、何かよくよくの心願ある者の思い立つものとなっていたのが、後にはただ毎日の無事息災を念ずるために、老人などのこれを日課とする者がでてきた。平田篤胤《あつたね》翁の時代に、まだ問題として論究せられた毎朝神拝の作法なども今日はもう当然のこととなっている。神が毎年の定まった一日に高いところから御降りなされて、待ち喜ぶ民衆の祭を享《う》けたまうという、古い世の考え方と向き合わせると、これはなにぶんにも合点の行かぬことのようだが、両者の中間には数百年以上、あるいは千年にも近い体験と推理とが介在しているのである。代々の氏人は神の御力を信頼するのあまり、たとえ御約束の期日のほかでも、切なる危急の祈請にはいでて応《こた》えたまうべしと思い、また現に最も謹愿《きんげん》なる者のために、救助と警戒の手をさし伸べたまう実例の、まれならずあったことを記憶しているのである。神は正直の頭に宿りたまうという教訓も元は神託であった。あるいはその解釈が次々と進んで、神如在ということを、うやまう人々の心の中に、またはかしこまりぬかずく社殿の奥深く、隠れて常にいますという意味に取った者も多かったろう。とにかくにこれはすでに近世の事実であって、それをただ古い世の記録によって、置き換えることは不可能になっている。その上に境を離れて遠く旅する者の、経験もまた十分にそれを裏書きしたのである。内と外との二つの祭が、だんだんに融合せんとしてきたのも自然である。

八

ここに私が説明の便宜のために、かりにほかの祭もしくは知らぬ神といったものには、際限もない数と種類とがあった。その中にはいつを祭の日とし、いかなる方法によって祭を営むのが御心にかなうかを、今に至るまでなお明らかにし得ない神々があると共に、一方には夙《つと》に有力なる一団の祭人があって、ねんごろに年々の祭をくり返しているにかかわらず、単に土地を隔て所属を異にするばかりに、偶然に久しく相知らずにいたという御社もまた多かった。人がはじめて異郷の土を踏んで、はからず霊異を感じ、祭を仕えんとする志を起こす場合にも、おのずからこの両端の差があったことは、現世の我々にもよく知られている。神を寄せ奉る者の最初の問いは、今でも必ず「どなた様ですか」、または「何様でいらせられますか」をもって始まっている。これに対する答えは近代はことに区々で、御蔭に古記録のどの部分を捜しても、絶えて景跡のない神の名が顕《あら》われ、あるいはまた仏教道教の感染の争えないような、新しい神の名が名のられるのみか、時としてはこれまで八百万《やおよろず》の神の中に算《かぞ》えてもいなかったものの霊が躍り出ることとさえある。それを信ずると否とは、もとより当人の判断力、あるいは環境の力というべきものであったろうが、その効果の必ずしも一時一所に止まらなかったことは、今日地方に分布する小社と祠《ほこら》、さては藪神《やぶがみ》ともガミとも呼ばれるいろいろの神の、弘《ひろ》い区域にわたった名の一致を見てもわかる。顕祀《けんし》もしくは「神を顕わし奉る」と、古い書物においてはこれを名づけている。これにも以前は厳粛なる作法があり、かつ一郷一門の衆人の前において、最も慎重に行なわれたことと思われるが、後々わずかな者が生まれ在所の群から離れて、旅の孤独を味わうような時代が来ると、この種の新しい神の遭遇は、ようやく頻繁にまた容易にもなって、しかも個人にとっては絶大の印象であったゆえに、おりおりはそれが周囲を感化し、弘く久しく伝わっていく場合もあったように思われる。淫祠邪神《いんしじゃしん》の悪い名を負わされて、あるいは国家の煩いとまで歎かれている小さな社の信仰でも、これをことごとく巫覡《ふげき》の徒の、詐謀《さぼう》のいたすところなりと言い切る人はあるまい。つまりは発見があまりに新しく、また発見者の用意が足らず、もしくは解釈が蕪雑《ぶざつ》を極めていたために、未だ一部の崇祀者以外の、承認を得るに足らぬだけである。それが我々の熱烈なる祈願の祭に始まらぬものは、今でもまだ例外と言ってよいくらいに少ないのである。

部族割拠の遠い昔の世のことを考えて見ると、この承認は時として隣に住む者の祭にも及ばなかった。今でも村の主神の御社の方には、かえって幽《かす》かながら対抗の痕《あと》をさえ残し留めているが、それを不可解な現象と感ずるまでに、一国の信仰は完全に融合してしまったのである。民族文化の発達が、ひとりでにこの結果を促したと見ることは、おそらくは歴朝のありがたきおぼしめしを忘れ、ことに神社行政の根本方策に、年久しき伝統のあることを省みない者として、非難せられても一言ないであろう。しかし他の一面に国民各自の側においても、国の交通の開け進むと共に、さらにいちだんと積極的に、その統一の御趣旨に共鳴し、また徹底してきたことも事実であって、この事実はまた往々にして看過せられている。人が異郷の土を踏んで、まず最初に土地の住民の崇《あが》め敬う、祭を仕え奉る神を問い、力の限りその信仰の行事に参与せんとしたこと、および旅から入って来る人のいわいかしずく神々を、なんらの危惧《きぐ》の念もなしに、素朴に受け迎え共々に祈請を捧げようとしたことなども、世を追うて盛んになったのだから、あるいは国民本有の性情とまでは言えなくとも、言わば我々の固有信仰は、国の団結の大いなる必要に適応して、しだいにその寛容の度を加え、内外多くの神の併立両存を可能ならしめるほど、いたって協調しやすい素質を始めから具《そな》えていたものと、推測し得られるかと私は思う。この点はひとり国内各地の神々の御間だけでなく、海を渡ってはるばると送られて来た、新古の宗教についても同じことが考えられる。両部神道の一奇観を展開した本地垂跡《ほんじすいじゃく》説、権現《ごんげん》とか影向とかいう新しい言葉でも、唱えてこれを信じたのは日本人であった。それを外国伝道師の智略ばかりに基づくものとは、我々は思っていない。家々の神棚は現在もまだ問題である。三教帰一の論は組み合わせを取り替えて、いつの時代にも通用している。つまりは国民の中に人の祭り拝む神を、互いに承認しようという態度は古くからあったのである。そうして同胞国民どうしの間ではその態度が特に親切だったのである。

九

人が年久しく一つの土地において、祭り来れる神を知り奉ることと、新たに未知の神を顕《あら》わし奉ることとには、少なくとも二つの点において手続きの著しい差があった。その一つは祭を営むべき時期、第二には神の実在を認める方式であった。今まで何人がいつ何処《どこ》で、祭に仕えていたかを知ることのできぬ場合には、期日は自由というよりもたぶん即座に、発見に引き続いて祀ったので、それが顕祀という言葉の起こりでもあったろうかと思う。その期日はもちろん恒例となり、今ある高名の御社にも、その大事件の日を記念としているものが多い。これに対してすでに各所の氏人の群が、父祖の代から祭りつづけているることを知った場合には、できるならばその日を待ち合わせようとしたことであろう。祭は本来多数の意思を統一したところに、深秘の効果があることを経験しているからで、よほどの自信があり能力もある人でないと、旅程その他の一身上の必要から、単独に臨時の祭を企てることは、少なくとも昔の世にはできぬことであったと思う。

それから第二段に神を認め奉る方法、これにもまた必ずしも神憑《が》かりや口寄せのような、強烈なる啓示の方法を期待するに及ばなかった。単なる求むる心、もしくは微々たる霊感の動きだけでも、もし傍らに能の謡《うた》いなどに見るごとき、一、二の「ところの者」の来合わせたものさえあれば、たちまちにして神のありがたさを知ることができたので、ただその最初の不思議が大きければ大きいほど、承認が確かな揺《ゆる》がないものになったのみである。[42]中将実方《さねかた》の笠島道祖《かさじまどうそ》あるいは[43]紀貫之《きのつらゆき》の蟻通明神《ありとおしみようじん》等、昔の実例はいくつも記録せられている。「ありとほしをば思ふべしや」は、知らなかったればこそいろいろの怠りもあった。すでに神ましますと心づいた上は、いかでか神徳を否み奉るべきと、その場に奉献していくものがすなわちヌサであって、人によりまたは場合によって、ただちにそのヌサを機会として合同の祭を営むものと、これを次の例祭の日まで保管しておこうとするものと、元は二とおりあったのを、後々祭の物忌みが一般に簡単になって、臨時の祭の方がしだいに多くなったものと私は解している。そうして他の一方には近代のいわゆるお賽銭のごとき、略式極まるヌサを納める者までが、なお一回の私祭を挙行したような感を抱き、ただに神を礼讃して御威徳の顕然たることを承認するのみならず、なおその機会をもって一身の祈願を籠《こ》めていくような、習わしを作ったのかと思われる。一族門党の大小にはかかわらず、本来すべて皆団体の公の行事として、五穀成就村内安全、ただ共同の祈願をもっぱらとした御社の祭が、後いつとなく個人各自の、時としては互いに相反する望みごとをもって、御煩わし申す手段とするようになったことは、あるいは他にも学者の説明があるかもしらぬが、少なくとも自分だけは、こういうふうに解するより他に、今はまだ別の道を知らぬのである。

一〇

ヌサは我邦《わがくに》の最古の単語の一つであって、今はもうその語原を究《きわ》めることがむつかしくなっている。しかし少なくともこれに漢語の幣の字を宛て始めたころまでは、まだその本来の意味がわかっていたものと信じてよい。これが公のまた大切な言葉だから、私はそう信用するのである。そうするとその外来文字の本国における、あの時代の用法は参考になる。向こうの幣は日本のように神に進《まい》らせる物だけには限っていなかったが、それでも決して凡下の贈遣にまでは幣の字は用いていない。単に敬意の表示といっては広きに失するかも知らぬが、こちらでも後は少しずつその範囲を制限しようとしているのである。これは一つには国柄であって、一たび朝家の御用いになった言葉は、常人はこれを慎み避けようとしたためもあろう。それよりもさらに重々しい理由は、国の公の御ヌサには、これと随伴する特別の意義があったことである。公の文書の用語としては、官知といっていたのが、それであった。いかに熱烈なる信仰に支持せられていたにしても、とにかくに一地方の一氏族限りに祭り来たれる御社が、新たに官府の知るところとなるということは、幣帛《へいはく》の御贈賜にもました大いなる感激でなければならぬ。それをまた世代の遠さや氏人の数力等に准じて、大小の差を立て中外の所管を区分なされたのも、一方のいわゆる天神地祇《ちぎ》の同一視と共に、国の統一の上に最も効果の多い方策であった。明治の新政は一千年を隔てて、改めてまたこの制度の大部分を復古なされたのだが、その根本の御趣旨をうかがい知ることは困難でない。もしもこの新たな秩序が確立しなかったら、たとえ政治上の藩籬《はんり》はすべて取り除くことができても、信仰はなお割拠して、互いに比隣の祭を理解せず、もしくはひとり大いに栄えんことを競うたであろう。敬神は維新の大いなる合言葉の一つであった。そうして朝廷はまずその手本を示されたのである。

これが現在の祭の大小、または官祭私祭の区別の元になっていることは、最初から自分の説いてみたいと思っていた要点であるが、その前になお一つ必ず明らかにしておかねばならぬのは、奉幣は元来御社の外部、すなわち氏人の群に属せざる者の崇敬を表示する方法の総称であったのを、その中において朝廷官府の御使によって進められるものと、その他の場合とを截然《せつぜん》と区別し、特に一方のみを重要視する理由が、次々と強くなってきたことである。幕末勤王論の最も盛んであったころに、こういう歌を詠んだ人がある。

ぬさ賜ふ二荒の山のほととぎす初音や神のかしこまりなる

作者の名はもう忘れたが、歌の感銘は今も私にははっきりと残っている。この思想はすでに古く、近ごろでも故猪熊夏樹《いのくまなつき》翁などは、「王は十善、神は九善」ということを、始終口にしておられた。すなわち神々よりも大御門の方が、いちだんと御位は高いと言うのである。明治以降のごとく、人臣のしきりに神と祀《まつ》らるる御時世においては、ことにこの大義名分は明らかにせられねばならぬが、起原の最も久しい各地方の御社としても、その百中の九十九までは、かつては陛下を顕《あき》つ神として、仰ぎたたえた人々の神霊を祀っているとすれば、幣帛《へいはく》は常に下賜であり、神の御応答はまずかしこまりであったと解することは、国民としては当然の推理とも見られる。もとより朝家にも御みずからの祭はあった。ことに蒼生に代わって年を乞い晴雨を禱《いの》りたまい、さては災厄疾癘《しつれい》の攘却《じようきやく》を祈願したまうことは、大いなる政事の随一であったが、それにはおのずから定まった御社があったのである。他の国中数多くの神々は、ひとえにこの畏《かし》こき御承認を力として、いよいよその威徳と霊験を住民の間に耀《かがや》かしたまうべきものということは、つとに一般民衆の常識とさえなっていたのである。すなわち祈願と報謝との、祭の二つの表現は彼ら自身のもので、ただ他の一つの渇仰礼讃が、官府の支持によって著しく高め強められることになっていたのである。この点は程度の大きな差はあっても、指命を受けたる国司郡領、ないしは後世の諸領主の、自発の崇敬においても同じことであったろうと思う。しかもその奉幣の期日を、一年の最も主要なる祭の日、もしくは各社の由来最も遠く、最も異色に富む祭典の行なわれる日に択《えら》んだのも、たぶんはこの政策の本旨、すなわち信仰統一の社会的意義を、意識してのわざであったろう。臨時祭の期日がすぐに恒例となって、しばしば大祭の翌日と定められたなどは、すこぶる自分の推測を支持する。すなわちそれはただ祭に仕うる者の激励であっただけでなく、同時に弘く社外の普通人に、一つの神を知りかつ敬う機会を、供与する結果をも予期せられたのである。その上に平和交通の激増、都市人口の集注と城下町の成長とがあった。今日いうところの官祭が花やかさにおいて卓越し、同じ一つの御社の祭に、大小の著しい等差を生じたのも、むしろ自然なことであった。私は先年豊後《ぶんご》の保戸《ほと》島に渡って、土地の老人から、「今宵は小さな神が御降りになります」という語を聴いて、非常に珍しく思ってこれを『海南小記』[44]に書き留めておいた。一つの土地の氏神に大小があるべきはずはない。しかし外側の人々の参加の有る無しということは、まずこれほどにも住民の感覚に影響するものだったのである。

二

自分などの解するところでは、官祭はもといわゆる官知の御社に、ヌサの贈進せられる日の祭であった。朝廷が御みずから、諸司に命じて祭らしめたまうものとは異なり、この方にはそれぞれ土地ごとの小さき祭主があって、夕朝の供饌《ぐせん》はその人の任、祈願と御礼申しもその人によって住民の総意を伝達した。もとよりそれが国家の期するところと、完全に合致していたことは疑いもないが、とにかくに皆その御社の官知以前から、永続していた式典であって、新たにこれに伴うて創始せられたという祭は、絶無ではないまでも例外ではあった。しかるに祭の御使の参入ということは、晴れであり大いなる眉目《びもく》であり、また著しく儀礼の荘厳を加えたゆえに、特にその感激が強く濃く、人の心を支配するに至ったのである。地方の神祇のこの殊遇を受けられたのは、元は限られたる数であったけれども、これがおのずからの統一の指針となって、汎《ひろ》く一般の信仰を支持していたことは、記録の側だけでも挙げ切れぬほどの証拠がある。後世の諸領主がこの従来の制度に遵依して、競うて領内の旧社に対して、崇敬の誠を表した時代になると、この内外二つの動機は往々にして混同せられている。豊稔《ほうじん》雨乞《あまごい》風水害の防止というような、民と利害を共にする祈願の祭だけでなく、一身のいわゆる心願の成就にも、なお各社の氏人に祭を執り行なわしめて、幣帛を奉進するという例が、だんだんと多くなってきている。これは一つには領主の族長意識、自分が祭の主任であり適任であるという確信の名残だったかもしれぬが、少なくともこうしていくか所もの御社の祭に、同時に仕え得るというのは新しい考え方であった。しかも一方には進んで敬神の範を示すことによって、いよいよ神々の御徳を高め、庶民の信仰を力づけようとした前代の政策は、なお熱心に踏襲せられていたのである。

数ある毎年の祭の中で、そのただ一つを大祭と名づけ、他を小さな祭とする慣例は、昔からあったものでないように私には考えられる。官祭を官が御祭りなさるものとする解釈もこれと同様に後のもので、今ならばほとんど論議の余地もないように見えるが、はじめてこの漢土の文字を採択した人々には、あるいは別に若干の用意のあったことが、まだ記録の上からでも証明し得るのではないかと思う。少なくとも今日いうところの官祭以外の祭を、すべて一括して私祭と呼ぶようなことは、以前は絶対になかったはずである。私祭という言葉の儼然《げんぜん》として古く存するのは、何人も記憶するごとく、伊勢の大廟についてであった。ここでは朝廷の任命なされた祭主以外、何人にも御祭を営むことは許されていない。いかなる歴史の隆替《りゅうたい》を経ても、この一国至高の御権能のみは揺《ゆる》ぎなく、現に毎日何万人という参詣人の路を埋める世になっても、これをもって以前の私祭の禁が、解かれたもののごとく心得ている者は一人もないと共に、一方にはその禁条が条文をもって明らかにせられたまでは、随意に国民のある者が、各自の祭を仕えることを認められていたろうと、推測する者もまた絶対にないのである。そんなら何のために、わざわざこのような個条が新たに明記せられたろうかというと、私の解釈ではちょうどこの時期に、大きな御社の神徳が部外に及び、または最初から定まった氏子を持たぬ御社が創建せられて、互いに連絡のない数多《あまた》の氏族が、競うて祭をすることが認められ、もしくは期待せられた結果、それとは等しなみに見てはならぬという御趣旨を、改めて宣明せられる必要が生じたのである。それと対比することも畏れ多い話ながら、村々の小さな氏神の社でも、同じく無始の昔からの慣行によって、祭主に該当するものは定まって動かなかったのである。官には知られぬゆえに官祭と呼ぶことは許されぬが、少なくともそれはその土地限りの公けであったから、公祭と名づけてしかるべきものであった。これに対して比隣の異民族の者が、押しかけ祭をしに来るということはあり得ないまでも、一門の中には本家と拮抗《きっこう》して自分が祭主になろうと企てる者はないとも限らぬ。それを制圧して族長の格式を保つ必要は、古いころからすでにあったはずであり、それがまた個々の聚落《しゅうらく》の大切な秩序でもあった。この点から見るときは、どんな小さな月々の祭、幣帛の供進《ぐしん》もなく御使の参入もない土地限りの祭も、決して私祭ではなく、しかも氏子の統一を期するためには、ここにはまた私祭は禁止せらるべきものであった。

ところが世の中の進みにつれて、いろいろの変遷がこの方面には起こった。いちばん大きなものは氏神の統一、いくつもの異なった氏族が合同して一つの御社を祭ろうとする申し合わせで、これには有力なる一つの氏に従属してしまうものと、おおよそ対等なる協同とがあって、後者の場合には祭主役の輪番制、いわゆるマワリトウ（廻り頭）・一年神主などというものの規約が設けられた。こうなると頭人の不馴れのために、だんだんと輔佐者の地位を重要にし、ついに今日の神職制を可能にしたのである。第二の変遷は全国的ではないが、若干の御社の最初から氏人がなく、言わば各地離れ離れの信徒を集めて、祭を営むようにできているものが、しだいに数が増しまた栄えてきたことで、その影響はいつとなしに村々の神社にまで影響して、何の由緒も持たぬ遠来の旅人のために、臨時に祈願報賽《ほうさい》の祭をすることを、怪しむ者が少なくなり、今や私祭の禁はこの方面において、ほとんど保ち難くなってきている。少なくとも固有信仰の歴史を明らかにせんとする者にとって、これなどは不幸なる混乱であった。

それから第三のさらに大いなる変遷としては、祭に奉仕した諸国の旧家の退転ということがある。明治維新を境として、生活事情の万般の異動の中でも、これほど大規模でまた重要なものは少ない。族長の没落ということは昔の世にもあったろうが、それはただ一つ一つの出来事であった上に、以前は氏族の分散と共に、氏の神の祭の絶えるのはやむを得ぬことと見られていた。ところがこのたびばかりは、家が去って御社はなお残ったのである。これは両者の間柄が、すでにやや淡く力弱くなっていた結果とも見られるし、一方から見れば国と社会との外部の崇敬が、これを支持するまでに強力になっていたためとも言い得る。とにかくに地方には以前の祭仕の家が、留まってその御役を相続している者は、上下を通じて算《かぞ》えるほどしかなく、他はことごとくもっと適任と認められる者によって置き換えられ、その人々もまた次々に更代している。土地の住民の窃《ひそ》かなる不安は、自分たちの祈願には言葉に表わさなかったものが多い。神の年久しい御親しみに因《よ》って、単なる黙約として伝わるものを信頼していた。それがあるいは個人の熱心なる願望や、新たに外から来た人の事新しい申しごとに押されて、微弱なものになりはせぬかという点である。すなわち公祭と私祭とのけじめが、公平なる一視同仁によって、かえって不明に帰するかという心配があるのである。全国屈指の繁昌の御社だけはそれでもよい。その他の場合においてはよほどこの点に気をつけないと、郷土の連帯の信仰は衰えるかもしれないのである。少なくとも年にただ一度の大祭だけに力を入れて、常の日に神を懐《した》う者が少なくなっていく懸念があるのである。

一二

最後にこれは民俗学の範囲外であるが、日本の祭を考えてみようとする諸君に、このついでをもって語っておきたいことが一つある。諸君の境涯は、前人のあらゆるよき経験を習得し、久しく世に隠れていた法則の発見から、最初の恩恵を受けるのみならず、さらに人生の今後の変化についても、最も確実に近い見透しをつける術を学ぶことを許されている。かりに寸分の迷いも誤りもなしに、今から一年の計画を立てて進もうとする人が、この中にあったとしてもそれは少しも意外でない。むしろそうあるべきを私も期待している。しかしその技術を公有とし、ないし同胞の誰にでも伝授し得るものとせぬ限りは、まだ諸君と同じ条件に恵まれない者が、違った科学以外の方式によって、その生活上の不安を処理しようとするのを、軽蔑《けいべつ》する権利などはない。少なくともこれを普通とする根本の考え方を、あらまし理解した上でないと、批評をしたつもりでも実は批評にはなっていないのである。

我々日本人の固有信仰は、昔から今に一貫して、他には似たる例を見いだきぬほど、単純で潔白でまた私のないものであった。45欽明《きんめい》天皇の十三年、仏像経巻が進献せられてよりこの方、大小さまざまの宗教は次々に、外から入って来ればまた国内にも結成せられて、それを信じた人の記録ばかりが、いやが上にも積み重ねられているが、しかも彼らの側から見て、不信者と呼ばなければならぬ人の数は、いつの時代にも非常に多かっただけでなく、一方にはまた全国の隅々に及ぶまで、児が生まれて産屋《うぶや》の忌みが晴れるやいなや、まずうぶすなの御社を拝みに詣ることと、秋ごとの収穫の終わりに際して、村を挙《こぞ》って氏神の祭に、一年の歓喜を傾け尽くすこととの二つだけは、ほとんど例外もなしに現在もなお持続しているのである。この一見奇異に近い併立両存の現象が、はたして国教の本質に基づくものでなく、すべて外来布教者の勧説智術、ないしは解釈の拡充のみによって、可能になったと言い得るか否かは、つとに日本の宗教史学の、答えていなければならぬ重要な課題であった。これがわかっていたならばせずともよかった論諍《ろんそう》に、あるいはだいぶんの力が費やされていたようにも想像せられる。ぜひとも今からでもこれを明らかにしようと努めなければならぬ。

方法は必ずしもそう困難なものでないと思う。最初にまずめいめいが子供のころから、もしくは現存の年長者たちの、ただ神様といっているものが、何をさしているかを考えてみるがよいのである。何神何処《どこ》の神と名を呼ぶのはいろいろあっても、村には神の森または御宮といって通ずるものは一つしかなかった。二つ以上の門党が合同して大きな祭を営むようになって、特に鎮守《ちんじゅ》という言葉も生まれたけれども、これは漢語だから新しい名称である。女や年寄りには依然として、氏神またはうぶすなという名が親しみをもち、それがまた各郷土の信仰の、争うべくもない中心であった。いわゆる神せせり・仏いじりの盛んな人たちでも、これと方々の堂宮との内外の区別はおのずから心得ている。たとえば神を祀るには必ず神主がなければならぬということは、一方では当然の常識であり、他の一方ではこれがないのを普通にしている。すなわち誰でも随意に私祭をして、怪しむ者のなかった各地さまざまの社や祠や御堂の他に、別に古来の慣行のとおりに定まった人が奉仕しなければ、祭とはいうことのできぬ神様のおわしますことを、口にこそ出さぬが認めない者はなかったのである。その二つの境い目が制度と経済事情の変化とによって、このごろ紛らわしくなりかかっているのである。読みきれないほどたくさんの書物は世に出てはいるが、まだこの最近の沿革を明らかにしたものがない。ひとり「日本の祭」の観察ばかりが、案外容易にこの隠れたるものを心づかせてくれるのである。

近世以前の信仰生活は、今と比べるとはるかに孤立していた。人は遠い旅行をせず、村と村との間も隔離して、むしろ対立する場合が多かった。神を奉じて新たに移住する者以外に、乙が甲から学ぶという機会はなかったのみならず、今でも四国九州と東北地方との間などには、そういう接触の可能なほどの交通は行なわれていない。それでいて神祭の方式だけは、注意してみると数々の一致を保存しているのである。これは我々の高祖が最初一つの炉の火にあたり、一つの泉の水を掬《く》んで飲んでいた者の分かれであり、しかもいつまでも昔の感動を、大切に伝えていた結果とより他には、解釈のしようもない大きな事実なのであるが、不幸なことに今まではそれに気がつく人がなかった。その代わりにはいったんそれに気がつけば、その印象は新鮮にしてかつ強烈である。諸君のごとく無心淡懐に、新たに人生の事実に目を瞠《みは》ろうとする人々を、聴き手として私が歓迎する理由もまたここにある。

言語を唯一の表現様式として、社会行動を会得しようとする現代人にとっては、実は日本の祭はやや静か過ぎる。外の神々を拝むおりには、縷々《るる》と心の願いを陳述し、時としては堂々たる願い文をさえ納めようとする人たちが、自分の祭となるとただ黙然と式の庭に参列して、千年以前の古文辞をつらねた、少しも理解のできない祭の詞《ことば》を謹聴している。そうしてただ数滴の神酒《みき》をいただいて欣《よろこ》んで退出し、まず祭はすんだという楽しげなる顔をしているのである。見物と称する皮相の観察者には、これでも祭かという疑いが起こるであろうし、あるいはまた日本では祭というものが、すでにこのような祈願も感謝もないただの一つ儀式になっているかというような、とんでもない推断を下す者もないとは限らぬが、私だけはこれが前々からの常の姿であって、退化でも何でもないばかりか、むしろ近代に入って、これをいくぶんか物々しくしようと試みた形跡さえあると思っている。ちょっと考えてみてもわかるように、祭が滞りなく終わったということがこれほどまで嬉しく、よくよく悪い年でも祭をせずに過ごすことはできず、遠くに出ている者までが日を算えて、必ず還《かえ》って来るほどの祭である。それが内部の切なる要求もなく、また精神上の大きな効果もなしに、ただ因習の力だけで持続しているはずはない。簡単な語をもって説明するならば、つまりは我々は言挙げをしなかっただけである。神は人よりもはるかに詳細に、家々の昔を知っておられる。個々の氏人は産屋《うぶや》を出た当日に、もう神様に御目通りをしている。彼ら何をこいねがい何を期待しているかは、あるいは本人よりも正確に、神様は知っておられるので、普通の人情から推せば、むしろ外来の神に対するように、いまさら事新しい名のりをせず、単に物忌みの条件を守って黙って慎み深い拝礼をしているところに、無限の信頼の意が汲み取られると思っているのであった。よそ外の宗教を見ても、神と人との約束は常に信仰の根柢であるが、我邦《わがくに》においてはそれが極度に強く久しく、尊《とうと》い親しみにさえ化していたのである。神が祖霊の力の融合であったということは、私はほぼ疑っておらぬのであるが、それを立証しようとすると議論になり、またいくつかの例外を説明しなければならぬので、ここではその点はかりに未定としておこう。しかし少なくとも神の恩愛と同情とは、先祖が後裔《こうえい》に対すると近いものであり、同時に神子神孫の嫡流をもって神主とし、祭をその人の代表に委ねて、他の一類の者が安心しきっていたことは、昔も多くの記録があり、近世にもその例の乏しきを患えない。国の固有の制度は信仰も政治経済も、すべて互いに相牽連《けんれん》して発展している。これが国外から後に導き入れたものとの、最も明白なるちがいであって、何も事新しく政は祭事だという点だけを、強調する必要はなかったのである。しかし社会生活の複雑になるに伴うて、いつも個々の機能が同じ方向に、同じ歩調をもって進んで行くものとも限らない。たとえば氏族が成長の極、だんだんと小さく分かれ、もしくは強弱の差を現し、または相剋《そうこく》の勢いを生ずると、その統御の方式は改められざるを得ない。人民の遷移が盛んになれば、自然に他氏族との交渉は濃《こま》やかになってくる。以前の孤立信仰は保ち難く、異姓によって祭らるる神々の多くなったことは、必ずしも新国家の統一行政を待たなかったのである。我々はおそらくその事実を誤りなく認識すればよいので、未来の国策をその確実なる歴史知識の上に打ち建てるためには、改めてこの二つのものの交渉を、特に政治と相対する祭事の側から、もう一度見なおさなければならぬだけである。

世界に比類なき神国のマツリゴトの、最も重要なる原則は「承認」であったと思う。朝家が御親《みずか》ら祭りたまう一国の宗廟と大社に対して、万民が無限の崇敬をいたすべきことは言うまでもないが、同時に他の一方には臣庶の祭り来たれる個々の御社を、洩《も》るるところなく公認なされ、その若干の最も有力なるものに向かっては、祭の日に勅使を派し、あるいは官府国司をして幣帛《へいはく》を贈進せしめられた。この方策は武家封建の時代にも継承せられ、さらに復古の世になって著しく官知の範囲が拡張せられたのである。国民のいわゆる精神文化の統一はこのごとくにして成った。いまだかつてこの神を祭れといい、その方式を改めよという類の制令を下すことなくして、天下はことごとく安んじたのである。もとより根本に一致があり自然共通があって、甲乙扞格《かんかく》の虞《おそ》れがなかったことも幸いであったが、すでに蕃神が災いをもたらすと気づかわれた時代にすら、なお「よろしく情願の人に付すべし」という勅定《ちょくじょう》があり、今また憲法には信教自由の条章が掲げられて、特に国教の目は立てられなかったのである。我々の祭は祈願のため、またその祈願の容《い》れられたことに、心の底からの感謝を捧げんがために営まれる。そうして神がいかなる聖人賢人にも備え得ざる徳と力とを持ちたまうことを信ぜずして、祭をしている者はないのだから、普通の定義によればこれは信仰であり、また系統があるから一種の宗教であるとも言えるかもしれぬ。しかも国家の力をもって支持していたのは、単にその神々の尊さを公けに認められる点だけで、その他はすべて皆国民みずからの心で、一端は神代につづく遼遠《りょうえん》の昔より、終始このごとくにして永続しているのである。もしもこれが世のいわゆる淫祀邪神のように、我が身我が妻子の福利欲望のみのために、衆を排して近より禱《いの》ろうとする祭であったら、今ごろはたぶん宗派も分立し牴触《ていしょく》も激しく、したごうて国家が一視同仁にこれを崇敬せられることもなかったろう。誇ってよいことには日本の祭は、群の公共の祈願をもっぱらにしていた。幟《のぼり》や提灯に文字を書くことができるようになれば、村内安全五穀成就、さらに一歩を進めては天下太平と日月清明をまで念じていて、これには一郷の者が一人も背馳《はいち》しなかったのである。功を社会教育の指導に帰することも私には異存はない。しかもそういう善良なる素質があったればこそ、氏族は衰えてもその結合を部落に引き継ぎ、神主たる本家が退転しても神職を代わりに迎えて、これを神主さんと呼んでいる土地さえあるのである。しかしたった一つの気づかわしさをいえば、官府に公認せられるということと、祭司が官府によって任命せられるということとは、本来二つ別々のことであるにかかわらず、前者を重々しくかつ光栄とする結果、祭もまた官府の事務かのごとく、混同せられがちなことである。もっと深く立ち入って言うと、この大祭以外の例祭を、あたかも私祭であるように観《み》られやすいことである。この混同は必ず害があると思う。敬神は最も由緒ある我《わが》邦《くに》の神祇政策であり、同時に国民相互の間の美徳である。これあるがために一国の信仰は統一しまた調和した。しかしこの外からの承認がどのくらい懇切なものであろうとも、これのみではまだ祭祀の代わりにはならない。神は人の敬によって威徳を加えたまうということは、『貞永式目《じょうえいしきもく》』以来の信条であったけれども、同時にその反面において我々の祭が、常に公共の福祉を目的とした、純一無私のものであったればこそ、総国敬神の念は期せずしてこれに集注したのだとも言えるのである。ところが我々のまだはっきりと意識せぬうちに、少しずつこの根本の要件は変わってきた。第一には個人祈願、他には打ち明けることできない身勝手な願いごとを、氏神様に向かって掛けるものができて、これにはもちろん神主の仲介を頼まない。私祭はほとんど内外の区別を無視せんとしている。次には部内の祭の唯一条件であった共同の謹慎を、守り得ない者が多くなってきた。精進潔斎の戒律が日にゆるんで、しかもなお不浄を忌まわしとする感覚だけは残っているがゆえに、神の黙約に基づく年来の恩沢が、はたして持続しているかどうかを危ぶむの念は、愚直な者の間にようやく瀰漫《びまん》せんとしている。国の固有信仰の伝統において、まことにこれは一つの大いなる危機である。しかも一方にはただ歴史ある敬神の国是を強調することによって、永く神国の伝統を支持し得べしと、思っているらしき人がいるのである。虚礼に陥ることなくんば幸いである。

諸君のごとき次の代の有識者に向かって私の説きたいことは、現在も国民のおそらく三分の二以上、以前はほぼその全数を挙げて、めいめいに所属の神を祭っていた。そうして一定の方式を守ることによって、無言の祈請の必ず聴受せられることを信頼し、心の平和を保ち得たのである。この事実だけはとにかくに認めなければならぬ。しかるにこの祭の方式はむしろ外部の力によって、だんだんに押し崩《くず》されようとしている。前章にも一たび説いたように、参拝の参はもと参列の意であった。マイルはすなわち祭の庭に侍坐することであって、そういう人々の中にはもとより精進潔斎をせぬ者などはいなかった。参る用意がなくまたはその資格を欠く者が、はばかって出て来ぬのも謹慎であり、崇敬の一つの形でもあった。それがこのごろになると人の気持ちは変わって、たとえ触穢《しょくあい》があり鳥居をくぐることの許されぬような者でも、立ち止まって帽を取り拝をして行かぬと、彼奴《あいつ》非礼ということになりそうなのである。こういう簡略な拝礼がただ回数ばかり多くくり返されているのも、つまりは参詣と称して外から偶然に来合わせた者が、祭の始め終わりに参同する暇もなく、もしくは時ともなく路次に立ち寄って、柴手水（シバチョウズ）などという名ばかりの浄《きよ》めをもって、神を拝んでいた名残に他ならぬのだが、信心と敬神との内外のけじめが明らかだったうちは、これでもまだ格別の損失はなかった。いったんこれが公人の常の所作と認められて、祭に仕える者までがこうすればよいと思うようになって、たちまちに儀典の外貌が改まったのみか、内部の感覚もまたようやく影響を受けて、見物の群衆が祭の中心のようになり、見物の少ない祭は極度に淋しいものになってしまった。昔からこのとおりであったと考えることは大きな誤りで、立礼脱帽などは今日のいわゆる洋服流行より、古い現象では断じてないものである。過去の信仰が今見る国民文化の特長に、たとえ一部でも参与していると言い得るならば、その信仰がちょうど変化しようとしていることを、冷眼に看過《みす》ごすことはできない。もとよりこれがよいとか悪いとかいうことは、容易には言えることではない。世の中が改まればこうなっていくより他はないのか、ただしはまた避け得られる道があるのに避けなかったのか。その点は実はまだ私なども決しかねている。しかし少なくともどうでもいい気づかいだけはない。世人の無関心は言ってみれば無知から来ている。みずから知るという学問が、今日はまだはなはだしく不振なのである。

注釈

1 **東京の大学**…東京帝国大学。『日本の祭』は一九四一年、柳田国男が東京帝国大学全学教養部の教養特殊講義で行った講演が元となっている。

2 **肥後氏**…肥後和男。一八九九－一九八一。歴史学者。東京文理科大学教授。近畿地方において宮座についての調査を行い、『近江に於ける宮座の研究』、『宮座の研究』などの著作により宮座研究の基礎を築いた。

3 **井上頼寿君**…一九〇〇－一九七九。京都府立第二中学などで教鞭をとりつつ、山城を中心に宮座と講を調査。のちに京都府立総合資料館の嘱託となり、東寺百合文書の調査を行う。著書に『京都民俗志』など。

4 **辻村好孝君**…ただしくは辻本好孝。一九〇四－一九五三。奈良県で朝日新聞の地方記者を勤めるかたわら、磯城郡の祭事を調査し、磯城郡郷土文化研究会の会誌『磯城』に連載。後にそれらをまとめて昭和十九年に『和州祭礼記』として出版した。

5 **西谷勝也君**…一九〇六－一九六九。兵庫県加古川西高等学校等に勤めながら、各地の採訪調査を行う。特に兵庫県内についての調査研究は、のちに『季節の神々』として刊行された。

6 **斎藤優君**…一九一〇－一九八八。昭和五年から十二年まで浜田耕作・梅原末治に考古学の指導を受け、福井県を中心に調査研究を行い、その後戦後にかけて同県の考古学を牽引した。民俗にも関心があったようで、雑誌『南越民俗』に福井県今立郡内の「おこない」と呼ばれる行事についての記録を載せている。著作に『若狭条里の研究』、『平拉城と他の史跡』など。またこの頃、一九三〇年代後半から四〇年代初頭にかけて、『ひだびと』『民間伝承』『旅と伝説』などに「斎藤優」の名で越前についての寄稿が見られるが、同一人物かは不明。

7 **松平斉光氏**…一八九七－一九七九。東京都立大学、明治大学、東海大学の教授を歴任。政治学、特にヨーロッパの政治思想史が専門。一九三一年からフランスへ留学、フランス社会学派の影響のもと、三河の花祭を研究する。帰国後、祭礼研究会を組織して祭の見学に出かけ、その記録を自身が編集発行する雑誌『おまつり』に掲載していた。著作に『祭』、『フランス啓蒙思想の研究』など。

8 **吉備真備**…六九五－七七五。奈良時代の学者・政治家。もとは地方豪族の下道臣氏。七一七年遣唐留学生として遣唐使とともに入唐し、七三五年帰国。のち左大臣橘諸兄を政治顧問として補佐し、七四六年吉備朝臣と改賜姓する。藤原仲麻呂にうとまれて左遷されたのち、七五二年遣唐副使として再び入唐。帰国後、七六四年恵美押勝の乱鎮定に功をあげた。その後も昇進を続け、右大臣、正二位にまで昇った。

9 **源順**…九一一－九八三。平安時代の官人、歌人、漢学者。九三四・九三五年頃、百科辞書的書である『倭名類聚鈔』を撰進した。また、九五一年に梨壺の五人の一人となり、『万葉集』を読解し、『後撰和歌集』を撰集した。三十六歌仙の一人で、著作に家集『源順集』などがある。

10 **木下順菴**…木下順庵。一六二一－一六九八。江戸時代の儒学者。一六八二年幕府の儒官、将軍の侍講となり、『武徳大成記』の編纂に従事した。優れた教育者であり、門人から多くの著名な学者を輩出した。

11 **下五島**…長崎県五島列島のうち、久賀島以南の島々をさす呼称。これに対し奈留島以北を上五島と呼ぶ。

12 **伊藤仁斎**…一六二七－一七〇五。江戸時代の儒学者。古義学派（堀川学派）の祖。朱子学を批判し、孔子や孟子本来の思想に復することを唱えた。一六六二年京都堀川の自宅に、古義堂と称する塾を開き、四十年余り教育にたずさわった。著作に『論語古義』『孟子古義』など。

13 **不関焉**…通常は、我（吾）不関焉という形で使う。自分には関係がないこと。またその物事には全く関心がなく超然としているさま。

14 **卜部氏**…卜占を業とし神事に奉仕した古代の氏族に発する氏。伊豆、壱岐、対馬の三国などにいた。伊豆の卜部氏の平麻呂の子孫は、神祇官で勢力を得、官内の要職を継承したが、のちに吉田、平野等に分かれ、著名な神道学者を輩出した。

15 **ヤソ**…イエス・キリストの通称。またそこから転じて、キリスト教、キリスト教の信者。

16 **盆施餓鬼**…とくに盆中あるいは盆の前後に行われる施餓鬼の法会。

17 **夕日のくだち**…夕方に日が傾くこと、およびその時。

18 **伴信友**…一七七三－一八四六。若狭国小浜藩士、国学者。本居宣長の没後の門人となり、宣長の養嗣子本居大平に学ぶ。一八二一年家督を長男に譲り引退して以降学事に集中、江戸の学界で重きをなし、三大家、天保四大家の一人に並び称された。

19 **黒川春村**…一七九九－一八六六。国学者。江戸生まれ。狂歌を二代目浅草庵に学び、三代目をついだが、のち和歌に移り、国学を修めた。国学諸派のうち、江戸の考証派を代表する一人。

20 **「柱松考」**…柳田国男著。大正四年三月、『郷土研究』三巻一号に発表。のち『神樹篇』実業之日本社、昭和二十八年三月に収録。

21 **『歳時習俗語彙』**…柳田国男著。昭和十年の『産育習俗語彙』を始めとして出版された、読み物形式の分野別民俗語彙集の中の一冊。民間伝承の会より昭和十四年刊。

22 樅栂…モミとツガ。ともにマツ科の常緑高木で、樅は高さ三〇〜五〇メートル、本州・四国・九州の山地に自生する。栂は高さ二五メートルに達し、本州の福島県以南、四国、九州の山地に自生。

23 推古天皇…五五四‐六二八。在位五九二‐六二八。異母弟崇峻天皇の暗殺後、叔父蘇我馬子らに推されて皇位につく。在位中、冠位十二階の制定、十七条憲法の制定、遣隋使の派遣などが行われた。また推古朝は飛鳥文化の最盛期としても知られる。

24 檜隈…檜前とも書く。大和国の地名。現在の奈良県高市郡明日香村大字檜前を中心とする付近数キロの範囲が相当する地域であろうと考えられている。

25 底津磐根…地の底にある岩。

26 『信州随筆』…柳田国男著。初版は山村書院、昭和十一年十月。信濃に関係する習俗・事物についての論考のほか、樹木に対する信仰についても論じており、しだれ桜が霊場に植えられていた可能性、しだれ栗には天狗への崇信にまつわる慣習があることなどに触れ、枝葉が垂れている樹木に特別の霊異を感じていたのであろうとしている。

27 大山石尊…神奈川県中央部、大山にある大山寺（阿夫利神社）。石尊大権現をまつる。ここへの参詣を石尊参、または大山参、大山詣という。

28 文武天皇…六八三‐七〇七。在位六九七‐七〇七。祖母持統天皇の譲位を受けて即位。文武朝には『大宝律令』の完成・施行、三十三年ぶりの遣唐使の派遣などを見た。

29 バウムクルトゥス…バウム（baum）はドイツ語で樹木、クルトゥス（kultus）は同じくドイツ語で祭式、崇拝を意味する単語。樹木崇拝の意。

30 播州加古郡…兵庫県の南部の郡。現在は稲美と播磨の二町から構成されるが、かつてはもっと広く、加古川左岸あたりの地域などまでもが含まれていた。

31 『日本の伝説』…柳田国男著。昭和四年五月、『日本神話伝説集』の題でアルスより日本児童文庫として出版。その後昭和七年十一月、『日本の伝説』と改題して春陽堂より少年文庫の一冊として出版され、さらに昭和十五年十二月、三国書房から出版されている。

32 六根清浄…六根（眼根・耳根・鼻根・舌根・身根・意根）が清浄になること、心身ともに清らかになること。また、六根の不浄を清めるためのとなえ言葉として用いる。

33 日向の檍が原…記紀で、黄泉国から帰った伊邪那岐命が身を清めたとされる地。宮崎市阿波岐原町のあたりともいわれる。あわきはら。

34 バプテスマ…バプテスマ。baptisma（ギリシャ語）。教会が行う、キリスト教徒になるための儀式。全身を水に浸すか頭部に水を注ぐ。洗礼。

35 「膂力と信仰」…昭和五年十月十七日、柳田は東京帝国大学文学部講演会において「膂力と信仰」という講演を行ったと言われているが、詳細は不明。

36 奇瑞…吉兆。なんらかの不思議な現象が起こり、めでたいことの前兆として受け止められる。

37 スキート・ブラグデン…Walter W. Skeat（一八六六－一九五三）と Charles Otto Blagden（一八六四－一九四九）の一九〇六年の共著、Pagan races of the Malay Peninsula を指すものか。

38 宇野教授…宇野円空。一八八五－一九四九。宗教学者、宗教民族学者。東京帝国大学教授。宗教民族学の確立に貢献した。著作に『マライシヤに於ける稲米儀礼』、『宗教民族学』、『宗教学』など。

39 白川吉田…吉田氏は卜部氏の中の一系統。唯一神道の宗家であり、代々京都吉田神社の預職を務めた。白川家は別名伯家、平安時代末期より代々神祇伯を務めた。両者は影響下の神社をめぐり、ながく各地の神社の争奪を続けていた。

40 吉川惟足…一六一六－一六九四。江戸時代の神道家で、吉川神道の創始者。萩原兼従から吉田神道の秘伝を伝授される。保科正之を始め有力大名の信を得、幕府の神道方に任ぜられた。著作に『神道大意講談』など。

41 吉見幸和…一六七三－一七六一。江戸時代の神道家。名古屋東照宮祠官。垂加神道によっていたが、職を辞して以降、史料にもとづく批判を神道各派に対して行い、垂加神道をも批判の対象とした。著書に『五部書説弁』など。

42 中将実方の笠島道祖…現宮城県名取市笠島にある道祖神社。『源平盛衰記』には「笠島道祖神事」として、陸奥守藤原実方が騎馬のままこの道祖神の前を通ろうとして、いさめられたにも関わらず意に介さずそのまま通ったので、落馬して死んだという逸話がある。

43 紀貫之の蟻通明神…紀貫之は平安時代の歌人。『古今和歌集』の編者であり、また『土佐日記』の作者としても知られる。ここでは、紀貫之が、蟻通明神の神域で馬が倒れた際、歌を詠んで神の怒りを鎮めたという逸話をさすものか。

44 『海南小記』…大阪朝日新聞、東京朝日新聞に大正十年三月から五月にかけて連載された柳田国男の紀行文。その後、書き下ろしを含む他の論考とあわせて大正十四年に大岡山書店から『海南小記』として出版された。

45 欽明天皇…？－五七一。欽明朝の頃は、百済より公式に伝えられた仏教をめぐり、物部尾輿と蘇我稲目の対立が激化したが、崇仏をすすめる稲目が力を強め、蘇我氏が権力を強化していったとされる。

作成／岸本亜季（早稲田大学大学院）

解説

【祭りの盛んな国】日本は祭りの盛んな国である。年中どこかで祭りを行なっている。祭りというと、いわゆるお祭り騒ぎで、はでで賑やかなものと考えがちであるが、それは祭りの古意を解したものではない。祭りはもっとつつましやかなものである。村里の祭りには氏子のものだけがお宮に集まって供物を神にささげ、お神酒をいただくという簡素なものがあった。外から見ると幟《のぼり》が立っているので祭りだなと気付く程度の静かな祭りがある。

祭りという言葉はマツラフという語と同じく神の御側《おそば》にいる、神に奉仕する意だと本書に述べてある。すなわち祭りは神を迎えて御供物をささげ、神の仰せごとを承り、これをお送りすることであった。もちろんその機会に村の安穏、氏子の幸福を祈願したのであった。祭りには大小様々なものがあるが、およそ日本の祭りであるからには、そこに一定の方式があるはずである。本書は神道家の見解によらず、常民がどういうふうに神を信じ、祭りを行なってきたかを信仰生活の変遷を通じて攻究されている。

【常民と祭り――祭りの五要素】著者は祭りの要素として五項目をあげている。すなわち神地、神屋、神態《かみわざ》、神供《しんぐ》、祭日である。この五つのものは祭りの大小にかかわらず見られるものであり、年中行事の名で行なわれている家々の神祭りもこの点においては同一なのである。

いま五項目の順を追って簡単に解説してみる。まず神地というのは祭場といってもよい。つまりどこで神を祀るかの問題である。本来、神は祭りのとき降臨されるものだから、ふだんは村里におられない。しかるに神社が建てられ御神体を神殿におさめるようになると神が常在すると考えないといろいろと困ることができた。それで神殿以外の場所を祭場とするときは、そこをお旅所と称しそこへ神が神幸されると解するようになった。神地はいまでは固定されているのが普通であるが祭りのたびに祭場を指定する例があった。山の神祭りに神依木《かみよりぎ》を選定するなどがそれであり、「祭には必ず木を立てるということ、これが日本の神道の古今を一貫する特徴の一つであった」と本書に記されている。神社の境内に神木と称してシメを張った大樹をよく見かける。これが社殿以前の祭場の標示にほかならなかった。祭場としてのお旅所は日本の祭りのかなり著しい特色である。お旅所になっている場所には沿海地方では浜辺、内陸で川岸などの水辺が多いことも考えてみなければならないことである。

次に神屋というのは祭儀を司る家のことである。祭りを営む役の人といってもよい。祭りは氏子が奉仕するのだが、祭りの儀式は今日では専業の神職がやっている。しかるに現在でも神職が関与しないで氏子の中から祭儀をいとなむ者が出る祭りがある。その人を頭《とう》屋頭人《やとうじん》といいそれを選ぶ方法は村によって違っている。抽籤によるものが多いが、中には家の並び順あるいは頭屋帳というのがあってその記載順によるものがある。また頭屋にはだれでもなれるというものではなく氏子の中の特定の家、頭屋株《とうやかぶ》を持っている家でなければいけない例もある。さらに宮座《みやざ》という組織を持っているところでは宮座員でなければ祭祀権を認められない。頭屋は一年交代が多いので一年神主と呼ばれている。専業の神職の中には村の旧家で代々神主職をつとめている家がある。そういう家はお宮と特殊な関係を持っている場合がある。頭屋の中で交代しないで世襲的な頭屋すなわち常頭屋《じょうとうや》といわれているものがあった。こういう家が神主家となったものがあると思う。

第三の要素として著者は神態（カミワザ）というものをあげている。これは祭りの中心をなすいわゆる神事のことである。現在では全国の神職の行なう祭儀は明治以後制定された神社祭式によっているのでどこの祭りもほぼ一様である。しかし神社によってはいにしえから伝えた神事を行なっているところがある。これを特殊神事と呼んでいるがこの中には日本人の伝承的信仰を伝えたものがあるので、祭りの研究をするには是非とも調べねばならない大事なものである。

現行祭式の神事は神前に供物を捧げることを主としているが、神事の代表的なものは舞と音楽による神楽《かぐら》である。神楽もいまでは神事芸として芸能化しているが、もとの意味は神が出現して神言をのべるにあった。神楽は音楽につれて舞を舞う者が採物を手にする。

これはそれに神霊を依らしむるので、舞の中で巫女舞《みこまい》というのが日本の固有信仰を知るにたいせつなものであった。すなわち巫女が神徳を讃えている中に神自らが巫女にのりうつり、その口を通じ神意を伝えるのである。わが国の神道では古代から巫女の活躍が盛んであったが今日ではその残映をとどめているに過ぎない。神事の中で最も華やかなものは神幸である。お宮からお旅所に行列をつくっていくので祭りの見物人はこれを見るために集まる。これには浜下りといって海や川のへりに神輿を奉じていく祭りが多い。神幸には風《ふ》流《りゅう》といわれる各種の芸能が伴い、山車《だし》、屋台鉾など繰り出される。

次に第四番目に神供《しんぐ》をあげねばならぬ。神供にはいろいろなものがあるがまず神酒がある。お神酒あがらぬ神はないというごとく酒は祭りに欠くことのできないものである。ごく簡単な神祭り、たとえば神木を選定して山の神を祀る場合など竹でつくった折掛樽というのに神酒をいれて供える。おそらく昔は祭りのときに新酒を醸して供えたもので今も頭《とう》屋《や》祭《まつ》りなどその例が見られる。神供を神道の方では生饌熟饌《せいせんじゅくせん》にわけており、現在では魚や野菜を生のままあげているが、神供というものはそれを神と人とがともにいただくものだから人が食べるような状態で差し上げるのが本式である。日本の祭りの特色は神供として海の物を供えることで、魚でなければ海草や貝を使う。

第五番目には祭日がある。祭りはたいてい祭日が決まっている。臨時祭りというのがあって日が決まっていないのもあるが、中には臨時祭りといっても毎年恒例として行なわれる祭りもある。祭日には暦日によるのと干支によるのとがある。期日では月の十五日というのが多い。これは祭りは宵から夜にかけて行なわれるので、照明の発達しない時代には満月の夜がいちばん明るかったからである。十五日の次には月の七、八日と二十三、四日すなわち上弦下弦の日が多い。祭りの季節には春夏秋冬それぞれの祭りがあるが、春秋の祭りが最も一般であった。これは日本の祭りが農耕行事と関係深く農作業の開始期と収穫期に神を祭って豊作を祈願し、豊年を感謝したからである。これに対して夏祭りは農村でも行なわれるが都会的な祭りである。夏季の疫病や水害を攘却するための祭りでその代表的なものは祇園の祭りである。今日の日本の祭り、とくに町中の祭りには京の祇園の祭りの影響を受け、それにならったものが多い。この祭りの特色は華麗な祭りの行列のあることで、昼祭りとして多数の見物人を集めるにいたったことである。この結果祭りの費用が増大し、毎年は行なうことができないで何年に一回大祭として行なうものが生じた。夏祭りに反して冬祭りは古風な祭りが多い。冬至を中心とした忌祭りを行なっている御社が各地にある。冬祭りには御火焼きをするものが多い。村里の年中行事を見ても冬至には火焚をするところがある。冬至のころは太陽の活力が最も衰えるときと考え、火を焚いてその活力を復活させるのだという。冬至に火を焚く風習は西欧諸国にも見られる。クリスマスもこの冬至祭に発した行事だといわれている。

以上で著者が祭りの五要素としてあげているものを略述した。次に日本の祭りにとって重要と思われるもの、特徴と思われるものを記しておきたい。それらのものは古今を通じて一貫しているが、時代の推移によって幾多の変遷を経ている。

【祭りの重層性】 まず日本の祭りには重層性が見られる。一部落一村で行なう祭りは決して単一でない。部落の祭りがあって、その上に複数の部落を合わせた一村の祭りがあるのが普通である。その場合、部落の祭りが一族の祭りとなっているものがある。また部落の祭りの下に一族の祭りを行なっている例もある。これら大小の祭りをいずれも氏神の祭りと呼んでいることがあるので、混乱を避けるために一族の祭りを一家氏神といっているところがあり、村の氏神に対し、一族の氏神を内神と呼んで区別しているのもある。このような祭りの重層性は村の成り立ちや歴史によっているが、地方行政上の変更による場合がしばしばである。たとえば明治二十二年に施行された新町村制などその顕著な例である。古い村(部落)のいくつかを集めて新しい村をつくった。その結果今までの村氏神が部落神となり、新しい村の氏神がその上にできた。その場合一つの部落の氏神を新村の氏神にしたものと、新しく村の氏神を勧請《かんじょう》した場合とがあった。あるいは数部落の氏神を合同して村の氏神とした例もある。この問題は実は氏神、産土神《うぶすながみ》、鎮守神の区別に関したことで極めてむつかしい問題である。ここでそれを論ずることはできないので読者はこれについて言及されている柳田先生の『神道と民俗学』(昭和十八年刊)という本を参照していただきたい。名神大神を盛んに勧請することは日本人の氏神信仰を複雑ならしめた。いままではただ氏神と呼んでいたのに勧請神を迎えてから、それらの神々の名前で氏神社を呼ぶことになった。これが日本人の神観念の上に一つの変化をもたらしたことは考えられる。

【内神と外神】　日本人は多神教だというのは正当であるかないかは別として、少なくとも自分たちの氏神、産土神として祀るいわば内なる神のほかに他の人々の祀る神、村外の神、他所から来た人の持ってきた神などいわゆる外の神をも併《あわ》せて敬することを異としなかった。もちろん内外二つの神に対する親しみの感情は違っていたと思うが、決して外の神を排撃するようなことはなかった。他の人が祀る神にも等しく敬神の念を捧げた。内なる神と氏子との関係はいわば一家族のごときもので、氏子の願いを神はよく承知しており、神は神意を氏子に対して表示するいわゆる託宣の必要をあまり感じなかった。これに対して新しい神はその出現を人に知らせるために、しばしば託宣を下した。本書にはこれについて次のごとく説明されている。

「土地と久しい縁故のある神様は、御自身もまた古い約束に信頼しきっておられたかと思われて、通俗の語で言えば一般にひどくおうようで、めったにこの臨時自発的の託宣はせられなかったのみか、さらに新たに他処《よそ》の神々の、来たってその霊異を示されることを容認し、または誘導なされたことさえある。神はただ一つということを力説している諸外国の学者らには、おそらく理解することのできない寄宮（ヨリミヤ）相殿（アイドノ）、行逢祭と称する共同の祭式、あるいは末社と名づけて一つの御社の境内に、名ある多くの大社の神々を勧請してあることなどは、日本の信仰の一つの特色であり、したがってまた我々を外にしては、その原因を究め得る者はない」

このような神信仰の形態は国初より存していたものではないと思われる。時代の変遷を受けたことは明白であるが、われわれ固有信仰の中にはこのような発展を来たす素因が存在したのかもしれない。神仏混淆なども仏教勢力の単なる浸潤でなくて、わが国人の神信仰にそういう下地があったから可能なのであった。

【物忌み（ものいみ）と祭り】 今日の祭礼において、とくにないがしろにされているのは物忌みである。物忌みとは神を祀るにふさわしいように精進潔斎することである。その具体的方法としてオコモリがある。著者は述べている。

「「籠る」ということが祭の本体だったのである。すなわち本来は酒食をもって神をおもてなし申す間、一同が御前に侍坐することがマツリであった。そうして神にさし上げたのと同じ食物を、末座において共々にたまわるのが、直会（ナオライ）であったろうと私は思っている」

オコモリの状態を全うするためにはいっさいの不浄を遠ざけねばならない。これがため精進屋という建物を設けている例がある。頭屋《とうや》の営む祭りでは頭屋の家を神宿として神霊を祀る。その際は家を清浄にし座敷にシメを張り、頭屋の主人以外はそこに入れない。もちろんその期間中は他家を訪問せず、また外来者を家に入れない。穢れのある者は祭りのオコモリに参加する資格を認められないのはいうまでもないが、物忌みを厳重に守る祭りでは、祭りの期間中、産や死の忌に服している者を一時祭りの地域から退去させるところがある。世の中が繁忙になるとこの祭りの物忌みをすべての氏子が長期間守ることが不可能になった。それで祭りに神役をつとめる頭屋などが物忌みをし、他の人々は祭りの当日とその前後だけ物忌みをして済ませることになった。頭屋の物忌みは今でも厳重なところが多い。毎日お宮のお燈明をあげるほか、潮を浴びるところがあり、他家では飲食せず、また他人が来ても茶や煙草を出さない。産や葬式の慶弔もせず、農事に肥料や灰を手にしてはならない。また夫婦間の交わりを絶つ。もし祭りの営みに何か支障を来たすと、それは頭屋の慎しみが足りないものとされた。この物忌みは家々の年中行事にも守られたので、二月、十二月のコト八日とか、十一月二十三日の大師講《たいしこう》とか一年の中にとくに物忌みをせねばならない日がいく日かあったのである。

【祭りの変遷】　日本の祭りが変遷を重ねてきたことは、だれしも気がつくことである。政治、経済など実生活から受ける制約によって信仰生活の上にもその影響が及んだ。この問題を証する一つとして著者は「参詣と参拝」という一章を設けて論じている。いまよりも人が単純で生活が簡素であった時代には、「祈らずとても神や守らん」で、春秋二回の祭りに神が降臨され、その際に神のめぐみを受け、お告げを聞き、こちらからは村内安全、五穀成就などをお願いしたのだと思う。祈願というものは本来村人一同の祈願で村の休戚《きゆうせき》に関することであった。いまも春秋に村祈禱という行事を行なっている土地がある。また雨乞いや虫送りなどの共同祈願がそれであった。しかるに近世以降になると村より外に出る人も多く、村内にいても農以外の商売を営む者が出て来たりして村人の利害が必ずしも一致するものとはいえなくなった。こういう事情に促進されて個人祈願が始まったのである。わが身、わが家の幸福を祈願して神の恩寵を期待したのである。個人祈願ということも決して近世に始まったものでないことは歴史の上に記録されているが、身勝手の願い事を神に掛けるということはなかったのである。個人祈願する者も家に穢れのあるときお社に参詣することはなかったが、祭りに必要な物忌みなどはしなくなった。個人祈願が普通になると神社の方もこれに対して賽銭箱を用意するようになった。賽銭は銭の使用が民間に普及してから始まったことであるが、それが個人祈願の盛んになったことと一致していた。賽銭をあげる以前は参詣者はオヒネリと称して紙に洗米《あらいごめ》を包んであげたので、米を銭に換えてこれを紙に包んだものをもオヒネリというようになった。個人祈願が始まると毎朝参拝といって朝起きるとお宮に参拝する風がおこり、そういう人を敬神家と呼ぶようになった。こうなると神を祭るための参詣ではなくて、神を敬するための参拝ということになった。そして他所の神、旅でもすればその土地土地の神に参拝して敬意を表するようになった。社前を通行する者が帽子をとってお辞儀をするなどもその一つのあらわれである。参詣が軽便化されて、お宮の前で拝礼することは信仰行為というよりも礼式といった方が適切になった。

【若者と祭り】　この本は東京大学の教養特別講義として話されたものである。したがって聴き手は大学生であり、著者がこの題目を選んだ理由もそれを考えての上であった。現代の大学生は祭りの参加者でなく見物人の側にいる者が大部分である。つまり学生は祭りに対して疎縁となっている。しかし本来は祭りは青年が中心となって行なうべきものであった。氏子として祭りに参加することは青年の義務であり権利であった。神事の中でも神輿《みこし》をかついで御神幸に供奉し、いろいろな芸能を演ずるのは青年でなければならなかった。青年は祭りに参加することによって村落社会の一員たることが認められた。獅子舞その他の芸能に長男だけがそれを演ずることができるとしている村が少なくない。つまり将来一人前の戸主となるべき者にだけ祭りの役につくことを認めたので、祭りが村落社会の上に持っていた重要性がわかる。芸能の如きも年齢によって演目が異なり、その演技を村人が批判する一種成年式の試練のごとき意味を持っていた。こういう村落共同体の一員としての体験を持たない学生は伝承的なものに触れる機会がなくして実社会に出ていくわけである。そのことの当不当は別としてこう事実だけは承知していなければならない。柳田先生が日本の祭りという講義をされたのも、以上のような理由からで、本書の第一章に次のように説かれている。

「諸君は小学校を出た十三、四の年から、いよいよ世の中に打って出る二十四、五歳の時まで、中には家庭から通っている人があっても、明けても暮れても学校の生活しかしていない。全く通俗社会とは利害を絶縁した、同輩の中でばかり生きているのである。そうして一方に争うべからざる一事は、親から子へ、祖父母から孫へ、郷党の長者から若い者へ、古来日本に持ち伝えた物心両面の生活様式を、受け継ぎ覚え込むのも、実はこの十年あまりの青年時代だったのである」

学生が日本人として無意識の中にも伝承してきた資質を学び知る機会をなくしてしまったことを指摘されている。

【祭りと伝統】 著者は結論として日本の祭りの伝統が大きく変わらんとしていることを認めている。公共のための祭りが個人祈願の盛行によって祈願の内容が異なり、参拝の方法も違ってきた。祭前の慎しみすなわち物忌みがだんだんとないがしろにされ、専業の神職すらこれを重んじなくなった。以前は信心の対象である神と敬神の対象である神とはその祭りの方式が別であった。しかるに現在ではこの二つの方式が一つになって簡略化されることになった。これはただ祭りの外形の変化ばかりでなく信仰の内部感覚の変化であった。この間の事情を著者は説いている。

「現在も国民のおそらく三分の二以上、以前はほぼその全数を挙げて、めいめいに所属の神を祭っていた。そうして一定の方式を守ることによって、無言の祈請の必ず聴受せられることを信頼し、心の平和を保ち得たのである。この事実だけはとにかくに認めなければならぬ。しかるにこの祭の方式はむしろ外部の力によって、だんだんに押し崩されようとしている」

そして最後に次のような言葉で結ばれている。

「過去の信仰が今見る国民文化の特長に、たとえ一部でも参与していると言い得るならば、その信仰がちょうど変化しようとしていることを、冷眼に看過ごすことはできない。もとよりこれがよいとか悪いとかいうことは、容易には言えることではない。世の中が改まればこうなっていくより他はないのか、ただしはまた避け得られる道があるのに避けなかったのか。その点は実はまだ私なども決しかねている。しかし少なくともどうでもいい気づかいだけはない」

日本人の信ずる神は村や家に所属する孤立的なものだった。既成宗教の信仰とは違って宗派もなければ信者と名づくるものもなく、したがって入信とか改宗とかいうものもなかった。日本の神が村や家の神だとすると、村の封鎖性が解かれ、家制度が崩壊すれば、その信仰も変化を受けることは当然といえる。この著者も認めていた信仰の変化をこの講義のあった昭和十六年から三十年近く経過した現時点に立って考えるとさらに大きな変化を来たしていることに気付く。われわれは日本の祭りが絶えるとは思わない。ただ変質しているることは認めざるを得ない。有名な神社の祭典などは見物人中心の観光行事として盛大を極めている。しかし祭りによって国民を統一していた伝統は消失しようとしている。そういう統一する力は不用だというならばそれまでであるが、もし必要とするならば祭りに代わってその機能を果たすものは何か。それを考えるためにもわれわれはもう一度日本の祭りの歴史をたずねて見なければならない。

大藤時彦

新版解説

祝祭の論理

安藤礼二

『日本の祭』は、柳田国男がたった一人で創り上げてしまった民俗学という新たな学問が一体どのような可能性をもつものであったのか、おそらくは最も体系的に説明してくれる稀有な書物である。

それでは、その核心はどこにあるのか。やや迂回することになるが、柳田の民俗学を受け継ぎ、それを独自の古代学として大きく発展させた折口信夫の証言をまず参照しておきたい。柳田に生涯師事することをやめなかった折口は、第二次世界大戦の傷跡もいまだ癒えない昭和二二年（一九四七）になされた「先生の学問」という示唆的な講演のなかで、柳田の学の本質について、次のように語っている――「一口に言えば、先生の学問は、『神』を目的としている。日本の神の研究は、先生の学問に着手された最初の目的であり、それがまた、今日において最も明らかな対象として浮き上って見えるのです」（一部引用の体裁を整えている、以下同）。

折口が「先生の学問」で考察の対象としているのは、戦争が激しさを増すなかでまとめられた『日本の祭』(一九四二年)を皮切りに、『先祖の話』(一九四六年)を経て、『祭日考』『山宮考』『氏神と氏子』と続く一連の柳田の仕事である。『日本の祭』を中核として柳田が書き継いできた近年の作品群こそ、柳田の民俗学の起源と直結し、その初発の意図をよりはっきりと理解させてくれるものとなっているのだ。折口はさらに続けていく。柳田の学問に最も大きな影響を与えたものは「経済史学」であった、と。

この講演で、折口が「経済史学」という言葉を使って述べようとしているのは、民俗学を確立する以前に柳田が取り組んでいた農政学のことを指す。柳田の学の基盤には「経済史学」、すなわち農政学が存在している。しかし、それだけでは充分ではなかった——「だが経済史学だけでは、どうしても足りません。それだけで到達することの出来なかったのは、神の発見という事実です」。「神の発見」こそが、柳田をフォークロア(民俗学)へと導いていったのだ。

明治が終わろうとする頃、柳田国男が相次いで刊行した三冊の著作、『後狩詞記』『石神問答』『遠野物語』によって民俗学という新たな学問が誕生した。柳田はまったくのゼロから民俗学を生み落としたのではない。当時、柳田は、貨幣経済が広く浸透し、そのことによって疲弊し尽くした農村を救うための実践的な学問である農政学をきわめようとしていた。柳田はきわめて大胆な提言をしてゆく。広大な土地をもちながら直接農業に従事しない大地主と、直接農業に従事しながらも自らの土地をまったくもたない小作人は、両方とも否定されなければならない。「大」でも「小」でもなく、自ら耕作するために充分な農地をもち近代的な農業の在り方に意識的な中規模の農家、「中農」をこそ育成しなければならないのだ。「中農」たちは、それぞれの個性に応じて多種多様な作物を生産する。そしてお互いに生産の計画からその手段、収穫の実施から販売の管理までを協同で行う近代的な「産業組合」を組織しなければならない。「産業組合」によって多種多様でありながらも調和のとれた大規模な農業協同体が可能となり、農村は復興する。

柳田が実践しようとした農政学には、多様なものを一つに結び合わせる「組合」の論理が貫かれていた。柳田は理想の「産業組合」の実現を求めて、全国各地に向けて講演の旅に出かける。そして、そこで柳田は知るのだ。実は日本列島に住みついた人々は、遥か以前から、つまり数千年という持続のなかで、「組合」の論理をもとに平等な集団を作って神聖な協同労働に励んでいたのだ。しかも、その前近代的な「組合」の論理は、農政学者であった柳田が注目した近代的な「産業組合」の論理、現実的な豊かさのみを追い求め、貨幣の蓄積のみに価値が置かれたものではなかった。

九州地方を視察する旅の途中、柳田は耳にする。山深い辺境の村では農地共有の思想、いわば社会主義的なユートピアが実現されている、と。柳田はその村、宮崎県の椎葉村を訪ね、衝撃を受ける。人々は、目に見える現実の世界だけでなく目には見えない超現実の世界を、つまり相異なった二つの世界を、生きていたのだ。平地で行われる日常の「焼畑」の世界と、山地で行われる非日常の「狩猟」の世界と。狩りが行われる山は「山の神」が治める聖なる場所だった。聖なる狩猟の場では、「山の神」が求める厳重な作法に従わなければならない。獲物は神からの贈り物であり、だからこそ獲物はなによりもまず神に捧げられなければならなかった。

九州の旅から帰ってきた柳田のもとに、岩手県の遠野から一人の青年が訪れる。青年は故郷で体験した不可思議な出来事を訥々と語ってゆく。遠野もまた三方を山に囲まれ、山地と平地の境界に位置していた。聖なる山との境界には巨大な岩がそそり立ち、無数の石の神々が祀られていた。神と人間という二つの性質を兼ね備えた山人たち、天狗のような山男や死の世界から甦ってきた山女たちは、なによりもそうした境界の場所に出現する。柳田は、境界に祀られる神に興味をもち、調査を続けていく。そして理解する。仏教が伝えてくれた仏以前、さらには記紀神話に記された神道の神以前、この列島に移り住んだ人々は、境界の地に、善悪両面をもった原初の荒ぶる神を祀っていたのだ。

山神、石神、荒神、道祖神、宿神、客神……。柳田は、境界の神を調べ上げていく。こうして、椎葉村での経験は『後狩詞記』となり、境界の神々の調査は『石神問答』となり、遠野の青年の話は『遠野物語』となった。まさに折口信夫が洞察した通り、「経済史学」

に基盤を置きながら、「日本の神」の発見によって、柳田国男は民俗学（フォークロア）を創出することが可能になったのである。次に解決しなければならない問題は、二つの世界、俗なる日常の世界と聖なる非日常の世界が境界の地で一つに交わるとき、人々は一体何を行っているのか、という点に絞られる。

地上の人々は、天上の神々を迎えるための「祭」を行っていたのである。「組合」の論理は「祝祭」の論理として完成する。だからこそ本書、『日本の祭』は、正真正銘、柳田国男の民俗学の到達点としてある。無数の島々の連なりである列島で形を整えた国家である日本がまさに滅びようとしたとき、柳田は渾身の力を込めて、人々の間に太古から伝わる絆を甦らせようとした。人々の間の絆は「祭」によって更新される。その絆は人々の間だけではなく、神々とも、動物や植物や鉱物、すなわち森羅万象あらゆるものとも、結び直されるものだった。「祭」はあらゆる絆を甦らせる。

柳田は、学生たちにむかって、祝祭の論理を素描してゆく。祭は「神々の降臨」とともにはじまる。神々を地上に招く目標として聖なる樹木が立てられ、神々を迎える場が浄化される。聖なる樹木を通じて、二つの世界の交通が可能となる。それとともに神々を迎える人々もまた「籠り」、精神と身体を清浄なものへと変成させ、神々との共食に備える。饗宴のなか、神と人とは共食する。「神と人との最も大切な接触と融和、すなわち目には見えない神秘の連鎖が、食物という身の内へ入って行くものによって、新たに補強せられる」。そして神々と人々はともに歌い、踊り、一体化してゆく。そのとき、森羅万象あらゆるものもまた聖なる言葉を発し、唱和する。「霊界の人は常に語ろうとしている。鳥でも獣でも草木虫魚でも皆通信している」。祝祭は、言葉、音楽、舞踏、すなわち諸芸術の起源でもあった。

経済の危機が叫ばれ、環境の危機が叫ばれるこの今こそ、柳田国男が『日本の祭』に結晶させた祝祭の論理をあらためて読み直していかなければならない。「祭は本来国民にとって、特に高尚なる一つの消費生活であった。我々の生産活動はこれがあるために、単なる物質の営みに堕在することを免れたのであった」。物質的な生産を精神的な消費に、あるいは物質的な消費を精神的な生産に、絶えず転換させていかなければならない。常の日は祭の日に接し、祭の日は常の日に接する。日常をより豊かに生きるためにこそ、祝祭という神聖な労働が行われる。柳田国男が確立した神を中心に据えた新たな経済学は、いまだ未来の学としての輝きを失っていない。

（文芸評論家）

ら 行

わ 行

ま行

や行

た行

な行

は行

さ 行

索 引

あ 行

か 行

編集付記

・新版にあたり、新たに注釈を付した。また本文の文字表記については、次のように方針を定めた。

一、漢字表記のうち、代名詞、副詞、接続詞、助詞、助動詞などの多くは、読みやすさを考慮し平仮名に改めた（例／而も→しかも、其の→その）。

二、難読と思われる語には、引用文も含め、改めて現代仮名遣いによる振り仮名を付した。また、送り仮名が過不足の字句については適宜正した。

三、書名、雑誌名等には、すべて『』を付した。

・本文中には、今日の人権擁護の見地に照らして、不適切と思われる語句や表現があるが、作品発表当時の社会的背景を鑑み、底本のままとした。

日本《にほん》の祭《まつり》

柳田国男《やなぎたくにお》

昭和44年 8月20日 改訂初版発行
平成25年 1月25日 新版初版発行
令和7年 10月5日 新版31版発行

発行者●山下直久

発行●株式会社KADOKAWA
〒102-8177 東京都千代田区富士見2-13-3
電話 0570-002-301(ナビダイヤル)

角川文庫 17792

印刷所●株式会社KADOKAWA
製本所●株式会社KADOKAWA

表紙画●和田三造

Printed in Japan
ISBN978-4-04-408306-9 C0139

角川文庫発刊に際して

角川源義

第二次世界大戦の敗北は、軍事力の敗北であった以上に、私たちの若い文化力の敗退であった。私たちの文化が戦争に対して如何に無力であり、単なるあだ花に過ぎなかったかを、私たちは身を以て体験し痛感した。西洋近代文化の摂取にとって、明治以後八十年の歳月は決して短かすぎたとは言えない。にもかかわらず、近代文化の伝統を確立し、自由な批判と柔軟な良識に富む文化層として自らを形成することに私たちは失敗して来た。そしてこれは、各層への文化の普及滲透を任務とする出版人の責任でもあった。

一九四五年以来、私たちは再び振出しに戻り、第一歩から踏み出すことを余儀なくされた。これは大きな不幸ではあるが、反面、これまでの混沌・未熟・歪曲の中にあった我が国の文化に秩序と確たる基礎を齎らすためには絶好の機会でもある。角川書店は、このような祖国の文化的危機にあたり、微力をも顧みず再建の礎石たるべき抱負と決意とをもって出発したが、ここに創立以来の念願を果すべく角川文庫を発刊する。これまで刊行されたあらゆる全集叢書文庫類の長所と短所とを検討し、古今東西の不朽の典籍を、良心的編集のもとに、廉価に、そして書架にふさわしい美本として、多くのひとびとに提供しようとする。しかし私たちは徒らに百科全書的な知識のジレッタントを作ることを目的とせず、あくまで祖国の文化に秩序と再建への道を示し、この文庫を角川書店の栄ある事業として、今後永久に継続発展せしめ、学芸と教養との殿堂として大成せんことを期したい。多くの読書子の愛情ある忠言と支持とによって、この希望と抱負とを完遂せしめられんことを願う。

一九四九年五月三日

角川ソフィア文庫ベストセラー

新版 遠野物語
付・遠野物語拾遺

柳田国男

雪女や河童の話、正月行事や狼たちの生態——。遠野郷（岩手県）には、怪異や伝説、古くからの習俗が、なぜかたくさん眠っていた。日本の原風景を描く日本民俗学の金字塔。年譜・索引・地図付き。

雪国の春
柳田国男が歩いた東北

柳田国男

名作『遠野物語』を刊行した一〇年後、柳田は二ヶ月をかけて東北を訪ね歩いた。その旅行記「豆手帖から」をはじめ、「雪国の春」「東北文学の研究」など、日本民俗学の視点から東北を深く考察した文化論。

新訂 妖怪談義

柳田国男
校注／小松和彦

柳田国男が、日本の各地を渡り歩き見聞した怪異伝承を集め、編纂した妖怪入門書。現代の妖怪研究の第一人者が最新の研究成果を活かし、引用文の原典に当たり、詳細な注と解説を入れた決定版。

一目小僧その他

柳田国男

日本全国に広く伝承されている「一目小僧」「橋姫」「物言う魚」「ダイダラ坊」などの伝説を蒐集・整理し、丹念に分析。それぞれの由来と歴史、人々の信仰を辿り、日本人の精神構造を読み解く論考集。

山の人生

柳田国男

山で暮らす人々に起こった悲劇や不条理、山の神の嫁入りや神隠しなどの怪奇談、「天狗」や「山男」にまつわる人々の宗教生活などを、実地をもって精細に例証し、透徹した視点で綴る柳田民俗学の代表作。

角川ソフィア文庫ベストセラー

海上の道
柳田国男

日本民族の祖先たちは、どのような経路を辿ってこの列島に移り住んだのか。表題作のほか、海や琉球にまつわる論考8篇を収載。大胆ともいえる仮説を展開する、柳田国男最晩年の名著。

日本の昔話
柳田国男

「藁しび長者」「狐の恩返し」など日本各地に伝わる昔話106篇を美しい日本語で綴った名著。「むかしむかしあるところに――」からはじまる誰もが聞きなれた昔話の世界に日本人の心の原風景が見えてくる。

日本の伝説
柳田国男

伝説はどのようにして日本に芽生え、育ってきたのか。「咳のおば様」「片目の魚」「山の背くらべ」「伝説と児童」ほか、柳田の貴重な伝説研究の成果をまとめた入門書。名著『日本の昔話』の姉妹編。

毎日の言葉
柳田国男

普段遣いの言葉の成り立ちや変遷を、豊富な知識と多くの方言を引き合いに出しながら語る。なんにでも「お」を付けたり、二言目にはスミマセンという風潮などへの考察は今でも興味深く役立つ。

山の宗教
修験道案内
五来重

世界遺産に登録された熊野や日光をはじめ、古来崇められてきた全国九箇所の代表的な霊地を案内。日本の歴史や文化に大きな影響を及ぼした修験道の本質に迫り、日本人の宗教の原点を読み解く!